WERNER OBST
Euro

WERNER OBST

Euro
**und Osterweiterung –
Chance und Schicksal für
800 Millionen Europäer**

Bechtle

© 1997 by Bechtle Verlag Esslingen · München
Alle Rechte vorbehalten
Schutzumschlag: Atelier Bachmann, Reischach
Schutzumschlagmotiv: Bavaria Bildagentur, Gauting
Satz: Fotosatz Völkl, Puchheim
Druck: Jos. C. Huber KG, Dießen
Binden: Buchbinderei Oldenbourg, Heimstetten
Printed in Germany
ISBN 3-7628-0539-3

Inhalt

Vorwort 7

I. **Reich hilft arm. Doch bei der Europäischen Union funktioniert das nicht**
Wohlstandsrangliste zum Wettstreit der Nationen ... 11
Jacques Chirac: Osteuropa politisch integrieren,
aber ökonomisch zurückstellen 18
Europa braucht endlich eine einheitliche Währung ... 21
Dollar und Pfund: Chronisch schwach – oder
unaufhaltsame Schwindsucht? 29
Angst vor dem Euro durch Vertrauensverlust beim
Ecu 34
Paris: Euro – Weichmacher oder Stabilitätspartner? .. 43
Das größte Brüsseler Problem? Geldverschwendung
durch falsche Organisation! 47
Europas größte Verschwendung? Bürgerkriege,
Subventionen, überflüssige Rüstung 69

II. **Rußlands Schicksal? Perestroika, Katastroika, Armut, Elend, Chaos – Halbdiktatur. Am Ende jedoch EU-Mitglied**
Rußlands Wirtschaft – Absturz ins Bodenlose! 75
Die Wirtschaftsmisere beschleunigt den territorialen
Zerfall 78
Sind Chinesen fleißiger und klüger als Russen? 80
Osteuropas Achillesfersen? Armut und viele
umstrittene Grenzen 87

III. **Die neuen deutschen Bundesländer: Ein Warnzeichen allerhöchsten Grades für Osteuropa**
Die Einheit vollenden, heißt handeln, helfen, sparen
und – teilen! 97
Die neuen Bundesländer: Die höchste Investitionsquote
der Welt! 101
... und die höchsten Renten für Frauen! 104

Das technologische Zentrum Deutschlands lag 1938
in Mitteldeutschland 109
Deutschland: Der Westen zu dicht besiedelt, der
Osten entvölkert 113
Verteilungskampf: Wer bezahlt die Wiedervereinigung? 118
Sind wir eigentlich noch zu retten? Mehr für Soziales
als für Arbeit! 122

IV. **Moskau: Der Traum vom »dritten Rom« ist ausgeträumt!**
Das letzte Kolonialreich zerfällt 127
Argumente gegen Rußlands europäische Integration . 131
Marschall Gratschow und der dritte Weltkrieg 136
Wo liegen die Grenzen Europas? 142
Am russischen Wesen wird die Welt nicht mehr
genesen 146
Die meisten Asiaten wollen weg von Rußland 149
Koloniales Endspiel: Tschetschenien – Rußland 155
Rußlands Föderation funktioniert nicht 160

V. **Stalins Landräubereien friedlich rückgängig machen**
Finnland will Ostkarelien zurückkaufen 163
Japan fordert die südlichen Kurilen zurück 167
China: Den Fernen Osten unblutig zurückerobern ... 168
Ungarn wartet auf Siebenbürgen und Transkarpatien . 172
Die Albaner – Europas unglücklichste Familie 176
Moldawien will nach Rumänien zurück 180
Die polnischen Zeitbomben Grodno und Lemberg... 181

VI. **Europas größte politische Innovation?**
Rußland für die Europäische Union gewinnen!
Rußlands Größe – Rußlands Unglück! 183
Die Insel Sachalin an Japan verkaufen, um Rußland
zu sanieren 186
Brüssel: Rußland schrittweise einbinden 194
Was machen wir eigentlich, wenn uns Moskau
eines Tages Ostpreußen zurückgibt? 198

Vorwort

Der Euro wird die D-Mark Europas. Er wird so stabil wie diese und später sogar den Dollar als Welt-Leitwährung ersetzen. Damit macht der Euro den Weg frei für einen grandiosen wirtschaftlichen, politisch-kulturellen und moralischen Aufstieg Europas.
Der Untergang des Abendlandes findet nicht statt. Westdeutschland hat gemeinsam mit der Schweiz die höchste Stundenproduktivität der Welt; Japaner und Amerikaner liegen deutlich zurück. Wir arbeiten folglich am effektivsten!
Die Flagge folgt dem Kaufmann! Europa orientiert sich künftig nicht mehr an französischer, sozialistischer »Planification«, sondern am erfolgreichen deutschen Modell der sozialen Marktwirtschaft, samt harter Währung.
Die D-Mark war in den zurückliegenden zehn Jahren die - härteste Währung der Welt, trotz riesiger Lasten aufgrund der Wiedervereinigung. Dollar, Yen und Franken verloren gegenüber der D-Mark. Das ist das derzeitige deutsche Währungswunder! Doch damit nicht genug. Helmut Kohl und Theo Waigel üben bereits mit der Vorbereitung auf den Euro einen heilsamen Druck aus auf sämtliche Schwachwährungsländer. Lira, Peseta und Pfund, ja sogar die griechische Drachme holte 1996 zur D-Mark auf! So etwas gab es bisher noch nie!
Das Beste, was uns passieren wird? Der Euro wird so hart und so stabil, wie die D-Mark es war. Dann bekommen wir das wirksamste Instrument gegen die europäische Massenarbeitslosigkeit, nämlich extrem niedrige Zinsen über Jahre hinweg!
Angst vor einem schwachen Euro ist vor dem Hintergrund der verunglückten sozialistischen künstlichen Schwachwährung, Ecu, insofern verständlich, weil der Euro sich am Ecu orientieren soll. Doch dieser wurde abgewertet, weil er im Warenkorb sämtliche Schwachwährungen hatte. Der Euro hingegen kommt mit der D-Mark, mit holländischem Gulden, mit französischem, luxemburgischem und belgischem Franc, mit österreichischem Schilling und dänischer Krone, die allesamt aus freien Stücken

seit über zehn Jahren schon an die D-Mark »angekoppelt« wurden. Sie sind folglich jetzt schon so stabil wie die D-Mark! Es handelt sich bei diesen bereits um Hartwährungen, die 60 Prozent der EU-Wirtschaftsleistung repräsentieren.

Gibt es einen wesentlichen Instabilitätsfaktor für den Euro, der abgeschafft werden muß? Die riesigen Brüsseler Subventionen von jährlich 150 Milliarden D-Mark und die NATO-Osterweiterung, die ausgerechnet in Europas ärmsten Regionen milliardenteure Nachrüstungen auslöst und den Ost-West-Konflikt als »kalten Frieden« quer durch Europa fortschreibt, statt Rußland zu integrieren.

Diese Faktoren gehören zum ideologischen Hintergrund von Inflation und Defiziten in allen bisherigen Schwachwährungsländern. Denn die ärmeren Südeuropäer lagen 1995, ebenso wie Großbritannien, weiter hinter dem EU-Durchschnitt zurück als 1985!

Vor allem deshalb gelingt ihnen der Einstieg in den Euro erst später!

Reich hilft arm, dieses richtige solidarische Prinzip, das sich in Deutschland bewährte, versagt in Brüssel, weil es falsch angewendet wird.

Deshalb sollten die Brüsseler Subventionen noch vor der Einführung des Euro durch Kredite der Europäischen Entwicklungsbank sowie durch einen vertretbaren Länder-Finanzausgleich ersetzt werden.

Der zweite wesentliche Faktor für einen starken Euro und gegen Subventionen? Die Osterweiterung der Europäischen Union, die nicht aufgeschoben, aber in einzelnen Punkten überdacht werden sollte!

Sie kann allerdings niemals mit Subventionen finanziert werden – nicht einmal für Polen, Ungarn, Slowaken und Tschechen –, wohl aber über Bankkredite, die die Gefahr der Korruption, der Verschwendung und des Mißbrauchs bedeutend verringern und zu einer erheblichen Reduzierung der Zahlungen an Brüssel führen würden.

Und noch etwas ganz Entscheidendes gehört auf die europäische Tagesordnung: Rußlands europäische Integration ist absolut vorrangig; denn erst über die Gründung einer Europäischen Sicherheitsorganisation, ESO, beenden wir militärisch voll und ganz den Ost-West-Konflikt; eine NATO-Osterweiterung in Europa würde hingegen zu einer weiteren Teilung unseres Kontinentes führen.

Sind wir uns eigentlich bewußt, daß Europa vom Atlantik bis zum Ural über 800 Millionen Einwohner hat? Wenn wir jedoch im bisherigen Tempo weitermachen, integrieren wir die letzten Europäer erst im Jahr 2050. Aber so viel Zeit bleibt uns gar nicht; denn Amerikaner wie Ostasiaten fordern uns immer stärker heraus, und wir können uns überflüssige Rüstung, riesige Brüsseler Subventionen und Verschwendung im globalen Wettbewerb immer weniger leisten.

In diesem Zusammenhang hat Europa eine hochinnovative Chance zur Beschleunigung des Einigungsprozesses, indem es Rußland relativ schnell und ohne Subventionen integriert. Rußland sollte die Insel Sachalin und die Kurilen für schätzungsweise 500 Milliarden Mark an Japan verkaufen – vermittelt von Deutschland – und so die bisher mühsamen Reformen sozial abfedern, den Rubel stabilisieren und den Staat grundlegend sanieren. Die Inseln haben eine Fläche von 87 100 Quadratkilometern, also etwa wie Bayern und Sachsen zusammengenommen, doch sie sind mit weniger als 700 000 Einwohnern extrem dünn besiedelt. Der 50. Breitengrad durchschneidet Sachalin genau in der Mitte – wie Süddeutschland. Die Insel hat eine Länge von 1000 Kilometern, eine Breite bis zu 160 Kilometer und erstreckt sich vergleichsweise von Dänemark bis Nizza. Sie hat ein gemäßigtes Klima und liegt in der nördlichen Getreide-Anbau-Zone. Sachalin hat eine weitgehend intakte, stellenweise sogar unberührte Natur, überwiegend mit Nadelwald bedeckt. Es gibt Vieh- und Weidewirtschaft, Rentier- und Edelpelztierzucht sowie ertragreiche Fischgründe. Auf dem langgestreckten Festlandsockel lagern beträchtliche Erdöl- und Erdgasvorkommen, ähnlich denen der Nordsee.

Für die zweitgrößte Wirtschaftsmacht der Welt sind die eigenen, viel zu kleinen Inseln mit 126 Millionen Einwohnern das allergrößte bevölkerungs- und wirtschaftspolitische Handicap.

Voller Neid schauen die Japaner auf den riesigen Flächenstaat USA, der problemlos auf 300 Millionen Einwohner anwächst. Europa bringt es auf über 800 Millionen Einwohner und das aufsteigende China auf 1,2 Milliarden Menschen. Japan aber platzt aus allen Nähten. Tokio hat mit 288 000 Mark pro Quadratmeter die höchsten Grundstückspreise der Welt, weshalb jetzt unter die Erde, aufs Meer hinaus und bis zu 4000 Meter in die Höhe gebaut wird. Ende 1996 wurde der erste Spatenstich für die erste Untergrundstadt der Welt, »Geotropolis«, mit einem festlichen Konzert feierlich umrahmt. Im Jahr 2020 sollen dort Tausende von Menschen wohnen. Japan hat folglich ein geradezu existentielles Interesse am Erwerb der Inseln; denn 500 Milliarden Mark entsprechen einem Quadratmeterpreis von sechs Mark.

Japan könnte so bis zu 30 Millionen Menschen ansiedeln. Für Westeuropäer sind derartige Visionen zweifellos ungewöhnlich, ja pure Geopolitik, aber Japans Elite denkt nun einmal so.

Japan hat 1997 eine Staatsverschuldung von 92 Prozent, das Bruttoinlandsprodukt wird etwa 4 500 Dollar ausmachen. Der Kaufpreis von 300 Milliarden Dollar macht davon sieben Prozent aus, so daß die japanischen Staatsschulden zwangsläufig auf 100 Prozent hinaufgehen. Doch der Staat muß das Sachalin-Projekt ja lediglich zwischenfinanzieren – bei der Privatisierung der Grundstücke verdient er das Mehrfache des Kaufpreises, so daß er sich problemlos wieder entschulden kann. Das Projekt ist folglich für Japan wie für Rußland, aber auch für Europa außerordentlich vorteilhaft, da dadurch der Weg frei wird für eine russische EU-Mitgliedschaft und für eine Europäische Sicherheitsorganisation, ESO. Statt der kleinen EU-Osterweiterung wird eine Assoziierung ganz Osteuropas als Vorstufe zur Vollmitgliedschaft möglich, so daß alle Kraft auf den Euro konzentriert werden kann.

I.
Reich hilft arm.
Doch bei der Europäischen Union funktioniert das nicht

Wohlstandsrangliste zum Wettstreit der Nationen

Im Konzert der reichsten Länder spielt Luxemburg auf der Wohlstandsrangliste der Nationen die erste Geige vor der Schweiz und Japan. Dahinter folgen Norwegen, Dänemark, Deutschland und Österreich. Frankreich führt das gehobene Mittelfeld an, gemeinsam mit Belgien, den USA, Schweden, den Niederlanden und Finnland, die allesamt den EU-Durchschnitt von 22 663 Dollar je Einwohner übertreffen.

Dahinter folgen Italien und Großbritannien; Irland, Spanien, Griechenland und Portugal bilden die Schlußlichter im westeuropäischen Wohlstandskonvoi.

Und noch etwas springt deutlich ins Auge: Unabhängig von der Rangfolge bestehen, wie eh und je, beträchtliche Leistungs- und folglich auch entsprechende Wohlstandsunterschiede. Westdeutschland ist je Einwohner mehr als doppelt so produktiv wie Spanien und dreimal so produktiv wie Griechenland oder Portugal. Allerdings schaffen selbst die schwächsten Westeuropäer noch drei- bis sechsmal mehr als alle Osteuropäer, und die Westdeutschen leisten siebenmal soviel wie Ungarn oder Tschechen.

Die deutsche Leistung ist zweifellos bemerkenswert, weil sie einschließlich der wirtschaftlich rückständigen neuen Bundesländer den EU-Durchschnitt noch um ein Drittel übertrifft. Unter den 15 EU-Mitgliedern liegt Deutschland immer noch weit vorn, nämlich auf Platz vier. Das heißt, wir übertreffen selbst nach der Wiedervereinigung Franzosen oder Niederländer, die keine Vereinigungslasten zu tragen haben. Dessen sollten wir uns durchaus bewußt sein, um nachzuempfinden, wie reich und produktiv die Westdeutschen vor der Wiedervereinigung waren, wie wohlhabend wir trotz gesunkener Reallöhne und gekürzter Sozialleistungen immer noch sind und warum uns Brüssel folglich nach wie vor hoch einschätzt und dementsprechend zur Ader läßt.

Wohlstandsrangliste der Nationen 1995
Bruttoinlandsprodukt je Einwohner in Dollar

Luxemburg	43 500	**Ost-Europa**	
Schweiz	43 400	Slowenien	9 400
Japan	40 900	Ungarn	4 500
Norwegen	34 000	Tschechien	4 450
Dänemark	33 500	Kroatien	ca. 3 400
Westdeutschland	**32 400**	Slowakei	3 300
Deutschland (gesamt)	**29 500**	Polen	3 100
Österreich	29 100	Weißrußland	2 900
USA	27 600	Rußland	2 500
Neue Bundesländer	27 300	Estland	2 400
Belgien	26 600	Litauen	2 200
Frankreich	26 600	Lettland	1 800
Schweden	26 000	Rumänien	1 600
Island	25 900	Bulgarien	1 400
Niederlande	25 500	Ukraine	700
Finnland	24 700	Moldawien	400
EU-Durchschnitt*	**22 663**	Georgien	300
Australien	19 300	Armenien	200
Kanada	19 100	Albanien	200
Italien	19 000		
Großbritannien	19 000		
Irland	17 200		
Neue Bundesländer –	**17 100**		
Neuseeland	16 600		
Spanien	14 200		
Griechenland	10 600		
Portugal	9 300		
Türkei	2 700		
Mexiko	2 700		

Quellen: OECD Februar 1996, The World Bank Atlas 1996

Außerdem: Die wohlhabenden Westeuropäer sind reicher als die Amerikaner, und Japan hält seinen vorderen Platz vor allem durch eine extreme Yen-Aufwertung, die im Grunde genommen eine Überbewertung war. Doch die wurde bereits wieder korrigiert.

Weiterhin sollten wir uns bewußt sein, daß selbst hochangesehene Länder wie Kanada, Australien oder Neuseeland erheblich unter dem EU-Durchschnitt liegen, und das, obwohl diese vorwiegend von Europäern besiedelt wurden, landschaftlich sehr reizvoll sind, ein günstiges Klima haben, also typische Einwanderungsländer sind.

Übrigens liegen diese ehemaligen britischen Kolonien noch heute auffallend nahe am angelsächsischen Leistungspegel, was schließlich beweist, wie lange und wie stark die vormaligen Bindungen an das Mutterland heute noch nachwirken. Oder anders ausgedrückt: Die drei Commonwealth-Staaten sind, rein objektiv gesehen, mental doch noch sehr britisch!

Im Zusammenhang mit der diskutierten EU-Osterweiterung läßt sich weiterhin die fast schockierende Feststellung kaum vermeiden: Alle Osteuropäer bilden ausnahmslos die Schlußlichter des europäischen Wohlstands! Sie liegen wirtschaftlich noch so unendlich weit zurück, daß ihre europäische Integration, rein ökonomisch gesehen, sich wohl ziemlich sicher über mehrere Generationen hinziehen würde – wenn sie überhaupt gelingt!

An den Erfahrungen und Kosten der EU-Süderweiterung gemessen, sprengt die erforderliche finanzielle Unterstützung höchstwahrscheinlich alle bisherigen Maßstäbe; denn letztendlich geht es um über 400 Millionen Osteuropäer.

Ein Blick auf die Leistungsunterschiede aller EU-Länder macht darüber hinaus noch etwas deutlich, was der europäischen Öffentlichkeit bisher nicht einmal im Ansatz bekannt ist: Die Leistungsunterschiede zwischen dem reichen Norden und dem armen Süden, die erklärtermaßen kleiner werden sollten, waren 1995 größer als beim Start 1985!

Dieser Trend ist nicht nur falsch und unerwünscht, sondern politisch äußerst brisant. Er signalisiert, daß das Brüsseler Management in einer wichtigen Problematik versagt hat. Oder anders ausgedrückt: Die Europäische Union hat ihr selbstgesteckes strategisches Ziel, die schwächeren, ökonomisch rückständigen, südlichen Mitgliedsländer dem stärkeren Norden anzugleichen, eindeutig verfehlt!

Selbstverständlich ist der Süden heute trotzdem in vielerlei Hinsicht stärker integriert als zu Beginn; doch was die Wohlstandsunterschiede betrifft, wurden die Westeuropäer nicht zusammen-, sondern auseinandergeführt!

Reich hilft arm! Dieses solidarische Prinzip, das schließlich Frieden, Wohlstand sowie die permanente Erweiterung der EU sichern sollte, hat folglich nicht gegriffen. Wie sich jetzt anhand der Einführung des Euro zeigt, ist der südeuropäische Produktivitätsrückstand samt den heute größeren Unterschieden zwischen Nord und Süd hauptsächlich verantwortlich für die enormen Schwierigkeiten beim Einstieg in die Währungsunion!

Vorsprung/Rückstand zum EU-Durchschnitt in Prozent
Bruttoinlandsprodukt je Einwohner in Dollar*

	1985	1995	Veränderung
Luxemburg	122	194	+ 72
Dänemark	144	150	+ 6
Westdeutschland	129	145	+ 16
Deutschland		132	
Frankreich	121	119	– 2
Belgien	103	119	+ 16
Niederlande	113	114	+ 1
EU-Durchschnitt	**100**	**100**	
Italien	95	85	– 10
Großbritannien	103	85	– 18
Irland	71	77	+ 6
Spanien	54	63	+ 9
Griechenland	43	47	+ 4
Portugal	26	41	+ 15

* Eigene Berechnung auf OECD-Basis

Alle wohlhabenden EU-Mitglieder haben, Frankreich ausgenommen, ihren Vorsprung, der erklärtermaßen geringer werden sollte, weiter ausgebaut, so daß sie jetzt noch höher über dem EU-Durchschnitt liegen als 1985. Im Grunde genommen hat nur Portugal seinen wirtschaftlichen Rückstand bemerkenswert abgebaut, nämlich von 26 Prozent des EU-Durchschnitts auf 41 Prozent des EU-Durchschnitts. Die anderen Südländer erzielten nur minimale Aufholeffekte, und Italien liegt heute sogar weiter unter dem EU-Durchschnitt als vor zehn Jahren. Großbritannien aber brachte etwas zustande, das in der europäischen Wirtschaftsphilosophie eigentlich überhaupt nicht vorgesehen war: Es verabschiedete sich aus dem Club der reichen Nordeuropäer und fiel unter den Durchschnitt zurück! Mit einem Minus von 18 Punkten waren die Briten die größten europäischen Verlierer. Die vormals größte Industrienation der Welt liegt momentan, was das Bruttoinlandsprodukt pro Einwohner betrifft, hinter Italien und nur noch knapp vor den Iren, die sich wenigstens ein bißchen verbessern konnten.

Die Abstände zwischen den einzelnen EU-Mitgliedern wurden deutlich sichtbar größer. Den Spitzenreiter von 1985, Dänemark, trennten vom damaligen Schlußlicht, Portugal, noch 118 Punkte, jetzt aber liegt Luxemburg 153 Punkte vor Portugal. Westdeutschland lag 1985 als Zweiter 86 Punkte über dem griechischen Wert, heute jedoch liegt Dänemark als Zweiter 103 Punkte über Griechenland.

Diese größeren Lücken sind unübersehbar, sobald die Rangfolgen gegenübergestellt werden.

Rangfolge	1985	1995
1 und 12	118	153
2 und 11	86	103
3 und 10	68	82
4 und 9	50	42
5 und 8	0	34
6 und 7	18	29

Zusammengefaßt: 1985 erzielten alle schwächeren Südländer, einschließlich Italien, noch 60,2 Prozent vom Durchschnitt der reichen »Nordstaaten«, 1995 aber kam der Süden einschließlich der zurückgefallenen Briten nur noch auf 57,7 Prozent des reichen Nordens! Oder anders ausgedrückt: Statt mit der milliardenschweren Unterstützung, die sich über zehn Jahre erstreckte, bis etwa auf 70 Prozent an die reicheren Nordeuropäer heranzukommen, liegen alle Südeuropäer, trotz milliardenschwerer Unterstützung, noch weiter hinter der reicheren nördlichen Hälfte zurück als 1985!

Zweifellos muß die Europäische Union das friedensstiftende, solidarische Prinzip »reich hilft arm«, das übrigens zudem noch typisch europäisch ist, ohne Wenn und Aber beibehalten. Doch andererseits ist das Brüsseler Management genauso eindeutig verpflichtet, die finanzielle Hilfe der wohlhabenden Mitglieder wesentlich effektiver einzusetzen als in den zurückliegenden zehn Jahren. Denn wenn gemäß der Konvergenztheorie ökonomisch schwächere Länder, gewissermaßen gesetzmäßig, einen Aufholeffekt erzielen, weil sie, rein objektiv gesehen, erheblich bessere Kapitalverwertungsbedingungen besitzen als wirtschaftlich weiter entwickelte Länder, dann ist der im europäischen Süden konkret eingetretene Rückschritt oder Rückfall im Grunde genommen skandalös. Es handelt sich hier um nicht mehr, aber auch um nicht weniger als um ein politisches Mißmanagement par excellence!

In einer privaten Firma würde der Rücktritt des gesamten Vorstandes die Folge sein, wenn das strategische Unternehmensziel derart massiv verfehlt wurde.

Zweifellos hat dieser Rückfall des europäischen Südens, der noch durch Großbritannien verstärkt wurde, auf die Europa-Idee einen weit größeren negativen Einfluß als etwa Betrug, Korruption, Mißbrauch und Veruntreuung, die der Präsident des Europäischen Rechnungshofes, Bernhard Friedmann, für 1995 auf zwei Milliarden Mark bezifferte. Denn die Differenz zwischen dem möglichen, erreichbaren Ziel, den Süden auf 70 Prozent des reicheren Nordens anzuheben, und dem Rückfall auf 57,7 Prozent bedeutet ein geringeres Bruttoinlandsprodukt von etwa 20 Prozent für alle betroffenen Länder, was einer Summe von rund 600 Milliarden Dollar oder 860 Milliarden Mark entspricht. Und genau dieses Geld fehlt wiederum allen betroffenen Ländern zum Einstieg in den Euro. Für diesen Effizienzausfall, den wir getrost »Verschwendung« nennen sollten, empfingen die Südeuropäer in den letzten zehn Jahren aus dem Strukturfonds rund 200 Milliarden Mark; ein Grund dafür, daß Norweger und Schweizer der EU fernblieben. Sie waren nicht bereit, für diese Ineffizienz auch noch zu zahlen.

Immerhin erzielen die meisten ostasiatischen Staaten seit langem sensationelle Aufholeffekte ohne Brüsseler Zuwendungen, wie übrigens auch Österreich, das sich, nur statistisch in die EU-Rangfolgen eingeordnet, von acht Prozent auf 31 Prozent über dem EU-Durchschnitt verbesserte, und das als EFTA-Mitglied. Die Ursachen des Brüsseler Mißmanagements sind folglich kaum auf die Mentalitäten der verschiedenen Völker zurückzuführen, also auf nord- und südeuropäische Mentalität; denn dann müßten wir ja die Schweden zu den Südeuropäern zählen, sondern auf die Wirtschaftsphilosophie des Brüsseler Managements sowie auf die Regierungsparteien Großbritanniens und Südeuropas. Denn das andere EFTA- und jetzige EU-Mitglied Schweden fiel, gleichfalls nur statistisch im nachhinein in die EU-Rangfolge eingeordnet, sogar um 35 Prozent zurück, und zwar, wie wir wissen, durch selbstverschuldetes, jahrzehntelanges Übertreiben im Sozialbereich, finanziert über Abwertungen der Krone, über Inflation und enorme Haushaltsdefizite mit permanent anwachsenden Staatsschulden. Das 1958 und 1970 noch zu den reichsten Ländern der Welt gehörende sozialdemokratische Schweden rutschte dadurch bis 1995 auf den elften Platz ab und kann nun, wie sein Finanzminister in Verona erklärte, nicht einmal dem Europäischen Währungssystem II (EWS II) beitreten.

Kurz und gut. Die sozialistisch regierten Iren, Griechen, Portugiesen oder Spanier holten nur geringfügig auf, Schweden fiel um 35 Prozentpunkte zurück, das gleichfalls sozialdemokratisch geführte Österreich dagegen holte 23 Punkte auf, und zwar von Kreisky bis Vranitzky, da Österreich den Schilling fest an die

D-Mark ankoppelte und außerdem eine Wirtschafts-, Finanz-, Steuer- und Sozialpolitik verfolgte, die sich sehr stark am deutschen Modell von Stabilität mit sozialem Ausgleich orientierte. Auf der Suche nach den Gründen für wirtschaftliche Effizienz werden wir folglich weder beim »germanisch-nordischen Fleiß« fündig noch etwa bei »romanischer Faulheit«, sondern letztendlich in einer stabilitätsorientierten Wirtschafts- und Sozialpolitik.
Und noch eine strategische Einsicht ergibt sich aus der bisher ökonomisch so erfolglosen Süderweiterung. Die vorgesehene und zudem dringend notwendige, weil konkret friedenssichernde wie weltpolitisch machterweiternde Ausdehnung der Europäischen Union bis zum Ural wird nicht nur deshalb so extrem teuer, weil alle Osteuropäer wirtschaftlich extrem rückständig sind, sondern statt 65 Millionen Südeuropäer in Zukunft 400 Millionen Osteuropäer zu integrieren sind, was sich mit Hilfe von Subventionen niemals finanzieren läßt, auch nicht im Rahmen einer kleinen Osterweiterung.

Jacques Chirac: Osteuropa politisch integrieren, aber ökonomisch zurückstellen

Die wirtschaftlichen Sachzwänge der europäischen Einheit verlangen deshalb zunächst einmal, den bisher gescheiterten südeuropäischen Aufholprozeß wieder in Gang zu setzen; denn falls dieser nicht zustande kommt, verliert nicht nur der gesamte Europagedanke einen seiner wesentlichsten Anziehungspunkte, was auf Dauer sogar die angestrebte Ostausdehnung negativ beeinflussen könnte; auch der Einstieg in den Euro dürfte dann den Südeuropäern noch schwerer fallen, falls er überhaupt gelingt.

Oder: Ohne südeuropäischen Aufholeffekt gibt es keinen flächendeckenden Euro, und ohne diesen kann die gewaltige Last der ökonomischen Integration Osteuropas nun einmal finanziell nicht gemeistert werden. Selbst wenn wir davon ausgehen, daß die Europäische Union von Beginn an zuallererst politisch auf eine europäische Friedensordnung ausgerichtet war, kann dieses Endziel letztlich doch nur dann erreicht werden, wenn Europa sich wirtschaftlich effizient organisiert und zunehmend ökonomisch integriert. Die wirtschaftliche Effizienz ist so gesehen ein wesentlicher Faktor des fortschreitenden politischen Einigungsprozesses, und die südeuropäische Schwäche behindert die Osterweiterung bereits jetzt, bevor diese überhaupt in Gang gesetzt wird.

Darüber hinaus kann man davon ausgehen, daß sich die EFTA-Mitglieder Norwegen und Schweiz der EU vor allem deshalb verweigerten, weil sie nicht bereit waren, jährlich netto zwei bis drei Milliarden Mark an Brüssel abzuführen, um den südeuropäischen Rückstand zu subventionieren, zu konservieren und zu vergrößern.

Hier haben wir es konkret mit zwei Beispielen zu tun, die belegen, wie die Brüsseler Ineffizienz, gepaart mit südeuropäischer Schwäche, die mögliche EU-Erweiterung bereits negativ beeinflußt hat.

Alles in allem: Höchstwahrscheinlich können deshalb alle Osteuropäer zunächst nur politisch und militärisch integriert werden, während sich die ökonomische Integration wohl verzögern wird, oder sie muß völlig anders, nämlich ohne Subventionen, gemacht werden. Jacques Chirac nannte in diesem Zusammenhang schon einmal das Jahr 2015, um allzu frühe Hoffnungen für die bevorstehenden Aufnahmegespräche gar nicht erst aufkommen zu lassen.

Gegen diesen Termin werden alle Osteuropäer zwar heftig protestieren, vor allem Warschau und Prag, doch der französische Präsident wird wegen seiner finanziellen Zurückhaltung gewiß mehrheitlich unterstützt – hauptsächlich von den Südeuropäern. Es ist eben doch so, daß der Einstieg in die europäische Währungsunion auch den Franzosen keinen Spielraum mehr läßt, um die Osterweiterung zu finanzieren. Nur für eine von Paris protegierte Aufnahme Polens würde es gerade noch reichen.

Außerdem: Wer garantiert uns denn, daß die Osteuropäer nach der Umstellung von Plan- auf Marktwirtschaft effizienter wirtschaften als die Südeuropäer? Denn wenn selbst diese trotz langer marktwirtschaftlicher Erfahrung immer noch größte

Mühe haben, Wachstum und Beschäftigung mit Geldstabilität zu verknüpfen, dann verbieten doch allein schon die schwindelerregenden Inflationsraten im Osten – samt Schulden und Defiziten – jede übereilte Osterweiterung.

Die nachstehende Übersicht verdeutlicht, daß nicht nur die drei südeuropäischen Schlußlichter die höchsten Inflationsraten haben, sondern außerdem auch noch die zwei zurückgefallenen Länder Großbritannien und Italien. In den letzten zehn Jahren mußten diese schwächeren Länder eine kumulative Geldentwertung zwischen 37 und 77 Prozent hinnehmen, die leistungsstärkeren hingegen nur 16 bis 25 Prozent. Die minimalen Aufholeffekte der Südeuropäer haben folglich genauso wie der Abstieg Großbritanniens und Italiens konkret sehr viel mit mangelhaftem Stabilitätsbewußtsein zu tun; denn was nützt ein hohes reales, aber inflationsgestütztes binnenländisches Wachstum des Bruttoinlandsprodukts, das wegen Abwertung der eigenen Währung zum Devisenkurs permanent heruntergerechnet werden muß? Und genau das war beim britischen Pfund wie bei der italienischen Lira ebenso der Fall wie bei der schwedischen Krone, dem portugiesischen Escudo, der spanischen Peseta und der griechischen Drachme.

Währungsstabilität? 1985–1995 Inflation in Prozent	
Griechenland	77
Portugal	59
Spanien	43
Italien	41
Schweden	40
Großbritannien	37
Finnland	30
Dänemark	25
Irland	25
Österreich	24
Frankreich	23
Deutschland (W)	21
Belgien	20
Luxemburg	20
Niederlande	16

Aufholeffekte sind doch wohl sehr eng mit Stabilität verknüpft oder: Ohne stabile Währung kann ein Land weder mithalten noch aufholen!

Europa braucht endlich eine einheitliche Währung

Es ist deshalb richtig, absolut logisch und politisch konsequent, daß im Mittelpunkt der europäischen Wirtschafts- und Währungsunion die Stabilität des Euro steht. Denn dessen eigentlicher Zweck besteht ja darin, dem größten Binnenmarkt der Welt, der Europäischen Union, als Weltwirtschaftsmacht Nummer eins endlich eine eigene Währung zu geben, die sich dem US-Dollar gegenüber behaupten kann, unter anderem, um sich von den amerikanischen Zinsen abzukoppeln. In absehbarer Zeit wird der Euro aufgrund seiner größeren Stabilität und seines größeren wirtschaftlichen Gewichts den Dollar als Leitwährung ersetzen.

Nach dem Ende der Sowjetunion existieren derzeit ohnehin nur noch drei große Wirtschaftsräume, während Osteuropa mit oder ohne Rußland keinen weltpolitischen Einfluß ausübt, weder ökonomisch noch politisch.

| **Bruttoinlandsprodukt 1995*** | |
– in Milliarden Dollar –	
Westeuropa	9 073
NAFTA	7 781
ASEAN	6 600
Osteuropa	820
* OECD-Statistiken	

Im immer härteren globalen Wettbewerb der Kontinente um größere Märkte und politischen Einfluß werden die 375 Millionen Westeuropäer zwangsläufig aus purem Eigeninteresse die über 400 Millionen Osteuropäer integrieren, um sich besser gegen die zwei Milliarden Ostasiaten und gegen die westliche, amerikanische NAFTA behaupten zu können.

Höchstwahrscheinlich wird es sogar dazu kommen, daß Ostasien unter Pekings und Tokios Führung den Westen insgesamt rein wirtschaftlich derart herausfordert, daß Europa und Amerika zwangsläufig einen gemeinsamen Markt bilden werden, um gegen die erdrückende fernöstliche Konkurrenz überhaupt bestehen zu können – was bereits bis zum Jahr 2010 der Fall sein könnte.

So problematisch und teuer die EU-Osterweiterung folglich auch sein wird, sie wird unvermeidlich kommen. Die Westeuropäer brauchen die europäische Einheit genauso dringend, wie die Osteuropäer sie haben wollen; auch für Russen gibt es keine andere, realistische Alternative.

So gesehen sind Währungsunion samt Euro und Osterweiterung nichts anderes als unabdingbare, notwendige Etappen auf dem Weg zur europäischen Einheit – und zu europäischer Größe! Der Untergang des Abendlandes findet jedenfalls nicht statt, und im Zusammengehen mit Amerika schon gar nicht.

Wir sind allerdings gerade aus all diesen Gründen aufgefordert, die Europäische Union dringend effizienter zu organisieren, und zwar politisch, militärisch wie wirtschaftlich; denn wir haben für Europa nicht mehr unendlich viel Zeit, sondern stehen unter Zeitdruck. Deshalb sollten wir die Südeuropäer möglichst schnell an unser wirtschaftliches Niveau heranführen und die Osteuropäer so schnell wie möglich integrieren, selbst wenn beide Gruppen dafür politisch wie ökonomisch diszipliniert werden müssen.

Im Grunde genommen ist dieser Disziplinierungsprozeß bereits voll im Gange. Die Deutschen wirkten daran nicht nur mit, sondern bestimmten darüber hinaus auch die Maßstäbe und die Richtung, daß nämlich Stabilität vor Wachstum und Beschäftigung rangiert. Anders war die D-Mark für den Euro nicht zu haben.

Wenn wir bedenken, daß vor 15 Jahren die EU-Durchschnittsinflationsrate noch bei 13 Prozent gelegen hat, jetzt jedoch 2,5 Prozent beträgt mit außerdem sinkender Tendenz, dann wird hier ganz schön diszipliniert. Und genauso übrigens bei der Staatsverschuldung; denn die darf ja nun nicht mehr steigen, sondern muß in Richtung 60 Prozent abgebaut werden. Besonders hart trifft dies die dreistellig hochverschuldeten Belgier, Italiener und Griechen, deren Politiker mit ihrer sattsam bekannten Schlitzohrigkeit völlig ungeniert regelmäßig die Notenpressen in Betrieb setzten, statt die eigene Bevölkerung ehrlich und mühsam von Sparen und Verzicht zu überzeugen.

Es versteht sich wohl von selbst, daß diese deutsche Währungsunionsleistung für Europa von PDS und anderen Kom-

Maastrichter Kriterien 1996

Inflation 3 Prozent		Haushaltsdefizit 3 Prozent		Staatsverschuldung 60 Prozent	
Luxemburg	1,3	Luxemburg	1,5	Luxemburg	7,8
Finnland	1,1	Dänemark	1,5	Frankreich	53,5
Deutschland	**1,6**	Irland	2,6	Großbritannien	54,3
Frankreich	1,9	Niederlande	2,9		
Niederlande	2,0			**Deutschland**	**60,3**
Schweden	2,0	Belgien	3,1	Finnland	64,3
Dänemark	2,1	**Deutschland**	**4,0**	Spanien	65,2
Belgien	2,1	Finnland	4,0	Österreich	71,0
Österreich	2,2	Großbritannien	4,2	Portugal	71,1
Großbritannien	2,3	Frankreich	4,4	Dänemark	74,3
Irland	2,4	Österreich	4,5	Niederlande	79,2
		Portugal	4,6	Irland	81,8
Portugal	3,2	Spanien	5,0	Schweden	83,2
Spanien	3,7	Schweden	5,0	Griechenland	111,9
Italien	3,9	Italien	6,0	Italien	121,1
Griechenland	7,5	Griechenland	8,0	Belgien	133,0

* OECD-Berichte

munisten wie von Nationalen und Rechtsextremen konsequent falsch, heuchlerisch, aber eben auch unsäglich dumm interpretiert wird, wie beispielsweise so: Auf dem Weg zur deutschen Vorherrschaft über Europa setzt sich nun mit Währungsunion und Euro das erfolgreiche deutsche Modell, soziale Marktwirtschaft samt harter D-Mark, gegen das sozialistische französische Modell, Planification samt Staatsbürokratie, durch. Oder: Was Hitlers Wehrmacht nicht schaffte, leistet jetzt die Deutsche Mark!

Die deutsche Linke setzt, wenn auch minderheitlich, immer wieder antideutsche Gehässigkeiten in Umlauf, wie etwa die: Kohl verteilt Eintrittskarten für die Währungsunion!

In Wahrheit ist es jedoch so, daß die große, überwiegende Mehrheit der Europäer das deutsche Vorbild nicht einfach nur widerstrebend hinnimmt oder passiv akzeptiert, weil es nicht anders geht, sondern Spanier, Finnen, Iren und Niederländer, die letzten übrigens ganz besonders, wünschen ausdrücklich, daß das vorbildliche deutsche Sozialmodell samt harter D-Mark europaweit umgesetzt wird, und zwar konsequent und ohne Wenn und Aber.

Oder nehmen wir die linke Ängstlichkeit, die alles andere als typisch deutsch ist: Der Euro würde künftig genauso an Wert verlieren wie der Ecu, der seit 1979 von 2,51 DM auf 1,95 DM abrutschte. Der Grund hierfür war, daß der Ecu bekanntlich keine eigenständige Währung war, sondern lediglich ein Kunstgeld, ein »Währungskorb«, in dem sich harte und weiche Währungen mischten, so daß er quasi zwangsläufig »weich« sein mußte. Das Stabilitätsbewußtsein des damaligen Bundeskanzlers Schmidt ist heute noch wesentlich besser nachzuempfinden als früher, als er dem deutschen Wähler zurief: »Fünf Prozent Inflation sind besser als fünf Prozent Arbeitslosigkeit!« Am Ende seiner Amtszeit überließ er seinem Nachfolger Helmut Kohl eine Arbeitslosenquote von 9,1 Prozent mit 2,3 Millionen Arbeitslosen. Nach 1969, als der Sozialdemokrat Brandt an die Regierung kam, betrug die Zahl der Arbeitslosen nur 150 000, was einer Vollbeschäftigung gleichkam. Ganz offensichtlich glaubt die SPD bis auf den heutigen Tag, daß die meisten Leute kein Erinnerungsvermögen haben.

Oder nehmen wir die Staatsverschuldung: Willy Brandt übernahm Schulden von 18,6 Prozent des Bruttosozialprodukts. 1982 übergab Helmut Schmidt öffentliche Schulden in Höhe von 40,1 Prozent des BSP, also mehr als eine Verdopplung, während Helmut Kohl die Staatsschulden bis 1991 konstant bei 40,7 Prozent hielt. Damit dürfte wohl klar sein, wer besser mit Geld haushalten konnte. Denn der Anstieg aller öffentlichen Schulden auf 60 Prozent unserer Wirtschaftsleistung seit 1991 ist ausschließlich auf die Wiedervereinigung zurückzuführen.

An diesem Vergleich wird außerdem deutlich, wie unprofessionell damals die Mehrheit aller sozialistischen EU-Regierungschefs an den Ecu herangegangen waren. Sie hatten doch tatsächlich Hart- und Schwachwährungen im Währungskorb gemischt, so daß dem Ecu überhaupt nichts anderes übrigblieb, als ständig an Wert zu verlieren. Aufgrund dieser durch die damaligen Regierungen verursachten Stabilitätslosigkeit haben die Leute bis auf den heutigen Tag Angst vor einer europäischen Währung. So lange wirkt die negative Erfahrung mit sozialistischen Währungsmißerfolgen nach.

Wenn nun dessen ungeachtet Brüssel den Euro zum Einstieg nicht an der D-Mark, sondern am Ecu messen will, dann bleibt dem Wähler nur die Hoffnung, daß das 1998 durch Kohl und Waigel korrigiert wird.

Seither hat sich allerdings das Umfeld entscheidend verändert. Von 1988 bis 1995 wurde die D-Mark zum Dollar um 18 Prozent aufgewertet, nicht ungewöhnlich vor dem Hintergrund der letzten 30 Jahre. Neu dagegen ist ein anderer Vorgang. Nachdem die Österreicher bereits von Beginn an ihren Schilling fest an die D-Mark »gekoppelt« hatten, handeln jetzt Franzosen, Dänen und die Beneluxländer genauso – und zwar aus freien Stücken. Sie »koppelten« ihre Währungen fest an die Deutsche Mark an:

	Durchschnitt der amtlichen Devisenkurse in D-Mark an der Frankfurter Börse				
	Frankreich 100 FF	Niederlande 100 hfl	Belgien 100 bfrs	Dänemark 100 dKr	Österreich 100 S
1988	29,482	88,850	4,777	26,089	14,222
1996	29,406	89,243	4,859	25,945	14,214
	± 0	+ 0,4 %	+ 1,7 %	–0,5 %	± 0

Weil sich alle vorgenannten Währungen an die D-Mark angekoppelt hatten, erreichten sie die gleiche Stabilität wie diese. Auch sie erzielten dem Dollar gegenüber einen Aufwertungseffekt von rund 18 Prozent, und somit ist es keineswegs ein Zufall, daß diese Länder aller Wahrscheinlichkeit nach termingerecht in den Euro einsteigen werden.

Zusammengenommen bringen sie es auf 60 Prozent des EU-Bruttoinlandsprodukts, was den Start des Euro mit sieben Mitgliedern durchaus rechtfertigen würde. Hinter dem Euro steht dann folglich nicht mehr nur die deutsche Wirtschaftsleistung von 2411 Milliarden Dollar (1995), sondern die Wirtschaftsleistung der Sieben mit 5036 Milliarden Dollar. Man kann also sagen, daß für diese Länder die Orientierung an der Stabilität nicht erst mit den Maastricher Verträgen an Bedeutung gewann. Sie orientierten sich bereits seit Jahren an der Deutschen Mark, und sie werden dies genauso am Euro tun – als wäre er die D-Mark. Das ist genaugenommen bereits jetzt die größte, überhaupt nur denkbare Stabilitätsgarantie für die kommenden gemeinsame Währung.

Selbst wenn wir den Yen oder den Schweizer Franken in Betracht ziehen, gab es zwischen 1988 und 1996 keine Währung, die stärker als der freiwillige D-Mark-Verbund war. Genaugenommen bedeutet dies eine größere Abwertungsgefahr für Dollar, Yen und Schweizer Franken als für den Euro, der ja beim Start, gekoppelt mit den anderen Hartwährungen, nichts anderes sein wird als ein bereits erprobter D-Mark-Verbund.

Im Grunde genommen kann es deshalb zum Stichtag am 1. Januar 1999 nur eine Euro-Dollar-Relation geben, die haargenau der D-Mark-Dollar-Relation entspricht. Jeder andere Kurs würde alle Hartwährungsländer rein psychologisch benachteiligen, besonders Deutschland.

Diese D-Mark-Euro-Relation wäre außerdem genauso einfach wie richtig, weil dann in der Übergangsphase alle Waren und Leistungen zum gleichen Preis in D-Mark und Euro nebeneinander ausgeschildert werden könnten. Und was noch wichtiger wäre für die Menschen wie für den Euro: Wer 3500 DM verdient oder 6000 DM, bekommt 3500 Euro oder 6000 Euro. Für das Vertrauen der Menschen in den Euro und in die Europäische Union wäre das das allerwichtigste, weil jeder wüßte: Der Euro, das ist die Deutsche Mark für Europa!

Besonders unsere Nachbarn würden das vorbehaltlos begrüßen, weil sie ja seit langem mit der Relation ihrer Währung zur D-Mark bestens vertraut sind. Dieses D-Mark-Vertrauen wollen sie im Euro wiederfinden und behalten.

Das bedeutet jahresdurchschnittlich für 1996: 1 D-Mark = 1 Euro = 0,660 US-Dollar, bzw. 1 US-Dollar = 1,50 D-Mark = 1,50 Euro.

Der Bundeskanzler hat hierzu das letzte Wort. Er kann diese Zusage zur Bundestagswahl im Herbst 1998 geben, nur wenige Wochen vor dem Einstiegstag, 1. Januar 1999. Es kann nur die Währung in den D-Mark-Euro-Verbund hinein, die die einmal eingebrachte Relation auch durchhält, und zwar mit den Konvergenzkriterien und mit dem Tempo der Produktivitätssteigerung.

Geht die Sache mit dem Euro schief, fühlen sich die Menschen betrogen. Dann können wir die ganze Europäische Union abschreiben, und zwar für immer! Denn wenn die Währungsunion nicht funktioniert, bricht auch der gemeinsame Markt schrittweise wieder auseinander. Die Folgen wären dann: ein Europa der Nationalstaaten, die Vorherrschaft der USA und ein Absinken Osteuropas in Armut und Bürgerkrieg.

Doch damit erschöpfen sich die Argumente zugunsten eines starken Euro noch keineswegs. Auf der Rangliste der Nationen kletterte Westdeutschland bis zur Wiedervereinigung unaufhalt-

Wohlstandsrangliste der Nationen
Bruttosozialprodukt je Einwohner in US Dollar (OECD-Statistiken)

1958		1970		1982		1990	
USA	2.600	USA	4.800	Schweiz	14.900	Schweiz	33.700
Kanada	2.000	Schweden	4.100	Norwegen	13.700	**Deutschland**	**23.800**
Schweden	1.500	Kanada	3.900	USA	13.200		
Luxemburg	1.400	Schweiz	3.600	Schweden	11.800		
Australien	1.400	Dänemark	3.200	Kanada	11.700		
Schweiz	1.400	Luxemburg	3.200	Dänemark	10.900		
Frankreich	1.300	**Deutschland**	**3.100**	Island	10.900		
Großbritannien	1.300			Deutschland	10.700		
Island	1.200						
Belgien	1.200						
Norwegen	1.100						
Dänemark	1.100						
Deutschland	**1.080**						

* OECD-Statistiken

sam nach oben, vom 13. Rang im Jahr 1958 bis auf den zweiten Rang im Jahr 1990. Nur die SPD konnte unseren Aufstieg zwischen 1970 und 1982 kurz bremsen. Bis 1995 fielen wir wieder auf den sechsten Rang zurück, weil die Kosten der Wiedervereinigung und die geringere Wirtschaftsleistung der fünf neuen Bundesländer sowohl den westdeutschen als auch den gesamtdeutschen Durchschnitt senkten.

Allerdings spiegelt die Wirtschaftsleistung je Einwohner die Produktivität eines Landes nur sehr allgemein und unvollkommen wider.

Japan beschäftigt beispielsweise 55 Prozent seiner Einwohner, die Schweiz und Dänemark haben eine Erwerbsquote von 48 Prozent, Westdeutschland hat Arbeit für 43 Prozent seiner Einwohner, Frankreich und Italien haben einen Beschäftigungsgrad von 39 Prozent, und Spanien kann mit größter Anstrengung gerade mal Arbeit für 32 Prozent seiner Bewohner bereitstellen. Einen genaueren Wert liefert deshalb die Leistung je Erwerbstätigen.

Bruttoinlandsprodukt je Erwerbstätigen 1995

1. Schweiz	90 200 Dollar
2. Luxemburg	81 000 Dollar
3. Japan	79 100 Dollar
4. Westdeutschland	75 400 Dollar

Hier rangiert Westdeutschland selbst nach der Wiedervereinigung noch auf dem vierten Rang.

Doch auch das ergibt noch kein endgültiges Bild der Produktivität, weil die einzelnen Länder noch höchst unterschiedliche Arbeitszeiten aufweisen. In den USA ist sie mit 1896 Jahresarbeitsstunden am höchsten, während Westdeutschland mit 1602 Stunden die niedrigste Arbeitszeit der Welt hat. Wir erfahren deshalb erst auf Stundenbasis hinreichend genau, in welchem Land am effektivsten gearbeitet wird; denn Produktivität bedeutet Wirkungsgrad der Arbeit je effektiv geleisteter Arbeitsstunde.

Bruttoinlandsprodukt 1995 je Arbeitsstunde in Dollar			
Schweiz	49,10	Finnland	37,30
Westdeutschland	47,00	USA	31,70
Luxemburg	45,40	Schweden	31,10
Japan	43,20	Italien	28,60
Niederlande	42,70	Irland	28,30
Belgien	42,00	Spanien	24,80
Dänemark	41,10	Großbritannien	24,40
Österreich	40,60	Griechenland	15,50
Norwegen	40,30	Portugal	13,90
Frankreich	39,20		

* Internationale Wirtschaftszahlen, Institut der deutschen Wirtschaft, Tarifliche Arbeitszeit 1995, S. 66

Gemeinsam mit den Schweizern haben die Westdeutschen trotz aller Wiedervereinigungsbelastung die höchste Stundenleistung, das heißt, sie arbeiten äußerst effektiv. Wenn außerdem die laufende Abwertung des Yen berücksichtigt wird, die die japanische Leistung um mindestens zwölf Prozent für 1996 heruntersetzt, dann rangiert Japan hinter Finnland. Das heißt, bei der Stundenproduktivität liegen auf den ersten zehn Plätzen ausnahmslos Westeuropäer, darunter ganz vorn sämtliche sieben Kandidaten für den Euro!

Dollar und Pfund: Chronisch schwach – oder unaufhaltsame Schwindsucht?

Westdeutschland hat gemeinsam mit der Schweiz die höchste Stundenproduktivität der Welt; die deutsche Produktivität wächst darüber hinaus auch schneller als die amerikanische oder die britische. Vor allem deshalb rutschten beide Länder auf der Wohlstandsskala unaufhaltsam ab, während Deutschland bis zur Spitze hinaufkletterte. Pro Stunde erreichten die Amerikaner 1995 nur noch 67 Prozent der westdeutschen Leistung, die Briten schafften gar nur 52 Prozent. Dieser immer größere Produktivitätsrückstand war in erster Linie verantwortlich für den ständigen Währungsverfall beider Länder, und dieser Trend existiert schon seit langem. Er hat folglich strategische Bedeutung, das heißt, er hat Tiefenwirkung. Nicht einmal zwei verlorene Weltkriege konnten die Deutschen daran hindern, mit überlegenem Produktivitätsfortschritt Dollar und Pfund ständig weiter zu schwächen.

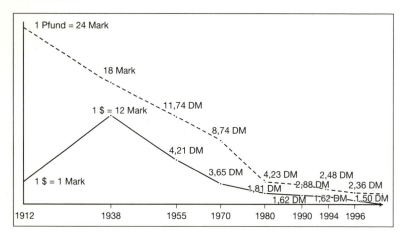

Seit 1970 konnten wir den Kursverfall des Dollars hautnah miterleben – von 3,65 DM auf 1,50 DM für 1996. In 26 Jahren ein Wertverfall von 60 Prozent! Niemand kann diesen Trend stoppen oder gar umkehren, weder die Fed noch die Bundesbank. Dies gelingt nur den Amerikanern selbst durch neue, größere Anstrengungen – oder den Deutschen, wenn deren Leistungswille nachlassen sollte. Doch davon ist derzeit nichts zu spüren, und es ist in absehbarer Zeit wohl auch nicht zu befürchten.

Diese deutsche Leistung ist zweifellos phänomenal, außerordentlich und erstaunlich sowie gut für Europa. Es ist die eigentliche Stabilitätsmitgift der D-Mark für den Euro!

Selbstverständlich sind sparsame Haushaltsführung und niedrigen Schulden gleichfalls ins Gewicht fallende Stabilitätsfaktoren, aber überlegene Produktivität ist für den Geldwert das allerwichtigste. So gesehen fordert der Euro, der ja alle hochproduktiven EU-Währungen bündeln wird, den Dollar mindestens genauso heraus wie bisher bereits die D-Mark. Das läßt eher auf einen harten Euro schließen, der tendenziell aufgewertet werden muß, sowie auf einen schwächeren Dollar. In diesem Fall würden Exporte verteuert, erschwert, teilweise auch verhindert, und Investitionen würden mehr abwandern als hereinkommen, was negative Folgen für die Beschäftigung haben würde.

So gesehen ist die Angst vor einem schwachen Euro kaum berechtigt. Es wird wohl eher so kommen, daß wir aus eigenem Interesse den Euro, wenn er etabliert ist, zeitweise aus konjunkturellen und beschäftigungspolitischen Gründen ganz bewußt abwerten müssen.

Mit der Währungsunion geht es folglich keineswegs um gut oder böse bzw. um einen harten Euro um jeden Preis, sondern darum, daß Europa seine wirtschaftspolitischen Interessen und Ziele besser durchzusetzen in der Lage ist. Denn wenn die europäische Massenarbeitslosigkeit anerkanntermaßen unser größtes Problem ist, dann können und werden wir den Euro eben auch als wirkungsvolles Instrument für mehr Beschäftigung einsetzen.

In den letzten Jahren haben die Amerikaner erklärtermaßen den Dollar ganz bewußt abgewertet, um ihre Exporte anzukurbeln, und zwar mit Blick auf mehr Beschäftigung. Seit 1985 gibt es deshalb u. a. 17 Millionen Erwerbstätige mehr. Warum sollten dann die Europäer, wenn sie dies eines Tages wollten, nicht gleichfalls den Euro abwerten, um mit niedrigen Zinsen Exporte, Wachstum und Beschäftigung anzukurbeln?

Dessenungeachtet schüren die Gegner der gemeinsamen Währung immer wieder erneut die Angst vor einem schwachen Euro. Seine engagiertesten Befürworter hingegen sagen die schlimmsten Folgen voraus, falls die Europäische Währungsunion verschoben werden muß. Beides sind extreme Übertreibungen. Richtig ist vielmehr, daß keineswegs sicher ist, ob selbst Deutschland die Maastrichter Kriterien erfüllt. Alles kommt auf das Jahr 1997 an, und im Frühjahr 1998 entscheiden alle europäischen Staatschefs darüber, welche Länder am Euro oder nur am EWS II teilnehmen oder ob es zu einer Verschiebung um ein Jahr kommt. Dabei spielt Deutschland das Zünglein an der Waage. Alles hängt davon ab, ob wir 1997 ein reales Wachstum von

2,4 Prozent schaffen; falls dies der Fall sein sollte, können wir den Einstieg in den Euro schaffen, sagt der Internationale Währungsfonds. Ohne Deutschland gibt es keine Währungsunion. Deshalb werden Helmut Kohl und Theo Waigel alles tun, um das erforderliche Wachstum soweit wie möglich anzuheben. Jedenfalls werden beide nicht abwarten und zuschauen, ob sich die Konvergenzkriterien bis zum 31. Dezember 1997 erfüllen. Sie werden vielmehr alles tun, um sie zu erfüllen. Die Deutsche Bundesbank wird die bereits niedrigen Zinsen bis zum Ende des ersten Quartals 1997 weiter senken bis auf einen Diskontsatz von 2 oder gar von 1,5 Prozent. Danach ist nichts mehr so, wie es einmal war. Die Konjunktur wird sich verstärken, die Beschäftigung zunehmen, der Wohnungsbau sich beleben, die Nachfrage zunehmen, und die Steuermehreinnahmen sprudeln weit über die Schätzungen hinaus. Bund, Länder und Gemeinden können sich mit noch niedrigeren Zinsen leichter entschulden und ihre Etats entlasten. Alle unsere Nachbarn, die ohnehin schon seit langem auf deutsche Zinssenkungen warten, werden nachziehen. Damit kommt erstmalig die wirksamste Waffe gegen die Massenarbeitslosigkeit zum Einsatz. Denn es wird diesmal nicht nur ein kurzes Zinstief geben, sondern eine lang anhaltende Niedrigzinsperiode.

Warum das nicht schon früher so gemacht wurde? – Weil erst die Europäische Währungsunion den erforderlichen heilsamen Druck auf die Regierungen ausgelöst hat, ihre öffentlichen Haushalte endlich aus den roten Zahlen herauszuführen. Auf andere Weise sind niedrige Zinsen nun einmal von keiner Bundesbank zu haben.

Gerade die wirtschaftlich schwächeren EU-Länder entwickeln sich seit geraumer Zeit stabilitätsbewußt. Nachdem ihre Schwachwährungen ausnahmslos abgewertet werden mußten, gab es 1996 sogar einen klaren Aufwertungstrend gegenüber der D-Mark!

Maastricht wirft zweifellos seinen Schatten voraus. Es motiviert jetzt bereits ausnahmslos alle bisherigen EU-Schwachwährungsländer. Fast sieht es so aus, als würden selbst diese vormaligen »Währungshinterbänkler« die für den Euro erforderli-

Durchschnitt der amtlichen Devisenkurse in D-Mark an der Frankfurter Börse							
	Groß- 1 £	Italien 1000 Li	Spanien 100 Ptas	Schweden 100 skr	Portugal 100 Esc	Finnland 100 Fmk	Irland 1 Ir£
1988	3,124	1,3495	1,5080	28,650	1,2190	41,956	2,6750
1995	2,262	0,8814	1,1499	20,116	0,9555	32,832	2,2980
	−28 %	−35 %	−24 %	−30 %	−22 %	−22 %	−14 %
− November 1995 bis November 1996 −							
	+14 %	+12 %	+2 %	+6 %	+3 %	−1 %	+11 %

che Stabilität vorwegnehmen; denn es ist wirklich sensationell, daß sich Pfund und Lira innerhalb eines Jahres gegenüber der D-Mark zweistellig verbessert haben.

Falls die Briten doch noch mitmachen sollten, was kurioserweise gerade durch einen Labour-Wahlsieg möglich würde, dann stünden hinter dem Euro mit dem neuerdings wieder stärkeren britischen Pfund bereits 73 Prozent des Wirtschaftspotentials der EU. Selbst Finnland hat noch eine reale Chance, sein Haushaltsdefizit unter drei Prozent zu drücken; die Inflation beträgt nur ein Prozent, und die öffentlichen Schulden liegen nur knapp über 60 Prozent.

Wenn übrigens unsere größten Konkurrenten, Amerikaner wie Japaner, kumulative Staatsschulden von 64 und 89 Prozent haben, dann ist die Maastricht-Vorgabe von 60 Prozent ohnehin sehr hoch angesetzt.

Von der Sache her wäre es deshalb ohne weiteres vertretbar, das Maastrichter Konvergenzkriterium der auflaufenden Staatsschulden von 60 auf 64 Prozent anzuheben, ohne die Stabilität der D-Mark oder des Euro gegenüber dem Dollar auch nur im geringsten zu gefährden, zumal der Hauptkonkurrent Japan mit 89 Prozent im Verhältnis zum Bruttoinlandsprodukt verschuldet ist.

Das wäre jedenfalls richtiger und weitaus ehrlicher, als das Einstiegskriterium zu manipulieren. Gegenüber der Bevölkerung ließe sich das politisch ohne weiteres begründen, und der deutsche Einstieg wäre absolut problemlos; denn wir könnten dann im Wahljahr 1998 sogar noch Steuersenkungen für Arbeitnehmer finanzieren – und den gesamten Solidarbeitrag aufkündigen. Auch der Einstieg des Hartwährungslandes Österreich wäre problemlos. Über Finnland und die Niederlande könnte in diesem Zusammenhang positiv entschieden werden, denn die Niederlande waren bereits bisher ein Hartwährungsland.

Angst vor dem Euro durch Vertrauensverlust beim Ecu

Als der Ecu am 13. März 1979 eingeführt wurde, kostete er 2,51 DM. Nach sieben Jahren war er noch 2,13 DM wert, 1990 wurde er nur noch mit 2,05 DM und 1995 gar nur mehr mit 1,87 DM verrechnet. Zum Stichtag am 6. März 1995 war er leicht auf 1,91 DM angestiegen. Den gleichen Wert hatte der Ecu auch im Durchschnitt des Jahres 1996, und 1997 könnte er ohne weiteres auf 2,00 DM steigen. Aber der strategische Wertverlust bleibt.

Nun gut. Der Ecu ist lediglich eine Kunstwährung, eine Verrechnungseinheit der Europäischen Union. Er setzt sich aus sämtlichen Währungen der Mitgliedsländer zusammen und wurde mit dem prozentualen Anteil der jeweiligen Wirtschaftsleistung der Länder am Bruttoinlandsprodukt der damaligen EG gewichtet, und zwar auf der Basis der Kaufkraft, die über den Warenkorbvergleich berechnet wurde. Seine geistigen Väter waren Valéry Giscard d'Estaing und Helmut Schmidt.

Deutschland war seinerzeit mit 30,1 Prozent an der EG-Wirtschaftsleistung beteiligt, und der Ecu kostete 2,51 DM. Da der Ecu 1995 nur noch 1,91 DM wert war, verlor er gegenüber der DM 24 Prozent seines ursprünglichen Wertes und 21 Prozent zum holländischen Gulden. Gegenüber allen übrigen Währungen wurde der Ecu aufgewertet, und zwar zur Lira um 83, zum britischen Pfund um 18 und zum französischen Franc um zehn Prozent. Oder anders ausgedrückt: Die vorgenannten Schwachwährungen wurden zum Ecu mit den obengenannten Prozentwerten abgewertet. Damit waren diese auch hauptsächlich ver-

ECU Währung	Zusammensetzung[1]		Leitkurse (1 ECU = …)		Ecu Änderung in %
	Einheiten	Gewicht in Prozent	13. März 1979[2]	6. März 1995[3]	
bfr	3,301	7,6			
lfr	0,130	0,3	39,4582	39,396000	0
DM	0,6242	30,1	2,51064	1,910070	– 24 %
dkr	0,1976	2,45	7,08592	7,285800	+ 3 %
Pta	6,885	5,3		162,493000	
FF	1,332	19,0	5,79831	6,406080	+ 10 %
£[4]	0,08784	13,0	0,663247	0,786652	+ 18 %
Dr.[4]	1,440	0,8	..	292,867000	
Lit[4]	151,8	10,15	1148,15	2106,150000	+ 83 %
Ir£	0,008552	1,1	0,662638	0,792214	+ 20 %
hfl	0,2198	9,4	2,72077	2,152140	– 21 %
Esc	1,393	0,8	..	195,792000	
S	..	..	..	13,438300	

[1] Nach der Korbrevision vom 21. September 1989.
[2] Beginn des EWS.
[3] Letzte Wechselkursanpassung.
[4] Nimmt z. Z. nicht am Wechselkursmechanismus teil.

Quelle: Deutsche Bundesbank; EU

antwortlich für den Ecu-Wertverlust zur D-Mark und zum Gulden! Wer 1979 1000 DM in Ecu anlegte, bekam 398 Ecu. Dafür bekam er 1995, als der Ecu nur noch 1,91 DM wert war, 760 DM. Der Wertverlust machte folglich 240 DM aus oder 24 Prozent, so wie das in der obenstehenden Tabelle ausgewiesen ist. Bezogen auf den Dollar erhält man folgende Ecu-Werte:

Wert eines Ecu in Dollar

1979   1,38 Dollar
1986   0,98 Dollar
1990   1,27 Dollar
1995   1,31 Dollar
1996   1,27 Dollar
     = – 8 Prozent

Zum Dollar büßte der Ecu folglich acht, gegenüber der Mark aber 18 Prozent ein. Oder anders ausgedrückt: In den Ecu integriert, machte die Mark auf den Dollar acht Prozent gut, als Mark gewann sie gegenüber dem Dollar 18 Prozent. Einen ähnlichen Wertverlust für den Euro befürchtet nun die deutsche Bevölkerung, weil er mit schwachen Währungen vermischt wird, wie zuvor der Ecu.

Wenn der Euro folglich so stabil werden soll wie die D-Mark, warum orientiert er sich dann bereits zum Einstieg am erfolglosen Ecu, statt an der bewährten, starken Deutschen Mark? Warum soll der Euro zum 1. Januar 1999 so bewertet werden wie der Ecu am gleichen Tag, also ungefähr mit 1,90 DM? Das Bundesministerium der Finanzen, Referat Öffentlichkeitsarbeit, erklärte dies im April 1996[1] wie folgt: »Bei einem Umrechnungsfaktor von beispielsweise 1,9 werden aus 1,90 DM jeweils 1 Euro. Diese Umrechnung bedeutet z. B., daß ein Monatseinkommen oder ein Sparguthaben von 1900 DM nach der Umrechnung jeweils zu 1000 Euro werden. Kostet z. B. ein Fernsehgerät 1900 DM, so beträgt sein Preis hinterher 1000 Euro.« Dieser Umrechnungsfaktor soll dann zur Einführung für alle teilnehmenden Währungen sowohl untereinander als auch zum Euro unwiderruflich festgelegt werden. Das bedeutet der Umrechnungskurs (D-Mark : Euro 1,9 : 1) orientiert sich am Ecu!

Oder noch deutlicher ausgedrückt: Am 1. Januar 1999 soll ein Ecu gleich ein Euro sein. So wie die Währungen im einzelnen zum Ecu stehen, so sollen sie dann auch mit dem Euro verrechnet werden.

Um das gleich vorweg ganz deutlich zu sagen: Sachlich falscher und politisch dümmer geht's wirklich nicht! Denn selbst dann, wenn der Umrechnungskurs die Kaufkraft nicht verändert, so besteht für die deutsche Bevölkerung doch ein himmelweiter psychologischer Unterschied darin, ob die D-Mark 1 : 1 zum Euro kommt oder 1,9 : 1. Ein monatlicher Nettolohn von 2800 DM würde dann zu 2800 Euro; und so würden auch die Waren im Schaufenster ausgezeichnet, nämlich mit dem

---

[1] Der Euro so stark wie die D-Mark. Broschüre, Seite 45.

gleichen Preis. Dann änderte sich in der Tat nur der Name. Das wäre einfach, richtig und leicht verständlich für die große Mehrheit der Deutschen.

Erstens. Ein Unternehmen, das ein neues, interessantes Produkt auf den Markt bringt, beruft sich niemals auf ein vorangegangenes Erzeugnis, das wegen großer Qualitätsmängel vom Kunden und vom Markt nicht angenommen wurde und deshalb nicht verkauft werden konnte. Es würde vielmehr jeden Zusammenhang zwischen beiden Erzeugnissen vermeiden oder gar verschweigen.

Zweitens: Wenn wir den Euro aus dem Warenkorb jener Hartwährungen bilden, die sich bisher schon seit zehn Jahren und länger freiwillig an die Mark »gekoppelt« haben, wie Gulden und Schilling, belgischer, französischer und Luxemburger Franc und dänische Krone, dann bekommt er doch allein schon deshalb jene Stabilität, die die Mark mit dem D-Mark-Verbund bisher hatte. Oder auf gut deutsch noch deutlicher ausgedrückt: In diesem Falle ist der Euro die Mark selbst!

Drittens: Die Bestimmung des Ecu-Wertes 1979 war falsch, weil er sachlich unberechtigt völlig überhöht bewertet wurde – und zwar zum Dollar. Denn wenn 1979 durchschnittlich 1,83 DM gleich 1 Dollar waren, dann durfte der Ecu, wenn er neben der Mark noch schwächere Währungen einbezog, niemals höher als der Dollar bewertet werden, sondern niedriger. Es war absoluter Nonsens, daß der Ecu im gleichen Moment, als die Mark mit 1,83 zum Dollar bewertet wurde, die Mark mit 2,51 unterbewertete.

Viertens: Dieser Bewertungsfehler steckt heute noch im Ecu. 1996 betrug der Wert des Dollars durchschnittlich 1,50 DM. Wieso war dann der Ecu 1,91 DM wert, wenn er nichts anderes enthielt als die Mark und sämtliche seit 1979 stark abgewerteten Schwachwährungen?

Fünftens: Der Ecu ist »Kunst-Geld« bzw. eine Verrechnungseinheit, und für alle anderen realen Währungen praktisch bedeutungslos.

Sechstens: Wenn der Euro ohne Schwachwährungen gestartet wird, also nur mit der D-Mark und den daran »gekoppelten«

Hartwährungen, dann sollte der Euro auch nur so wie die Mark oder wie der D-Mark-Verbund bewertet werden, nämlich 1 DM gleich 1 Euro, bzw. 1 Dollar = 1,50 DM und 1 Dollar = 1,50 Euro.

Siebtens: Jede von der Mark abweichende Bewertung des Euro gefährdet diesen bereits vor seiner Einführung, weil es dann keine deutsche Zustimmung dafür gäbe und selbst Helmut Kohls Wiederwahl nicht sicher wäre.

Achtens: Im Monatsbericht November 1996 der Deutschen Bundesbank ist der Ecu für Oktober mit 1,92 DM ausgewiesen. Der Ecu war folglich höher als die D-Mark bewertet: Angeblich soll er 1,26 Dollar wert sein. Doch das ist falsch, weil das die D-Mark abwertet – nämlich zum Dollar von 1,53 DM herunter auf 1,92 DM für Oktober 1996. So ähnlich würde das auch am 1. Januar 1999 aussehen. Für uns Deutsche bedeutet das: Die Mark behielte im Euro ihre Binnenkaufkraft, aber nach außen hin verlöre sie zum Dollar, was also doch einer Abwertung der Mark gleichkäme, wenn sich der Euro am Ecu orientieren würde. Diese Variante kommt von der Europäischen Kommission. Sie wird von Valéry Giscard d'Estaing und von Helmut Schmidt unterstützt. Beide waren bereits die Ecu-Weichmacher, weichen aber von der offiziellen Meinung der französischen Regierung ab. Jacques Chirac will einen harten Euro, der später stabil bleibt.

Dies sei in der Zukunft ausgeschlossen, heißt es, weil sich alle Euro-Teilnehmer stabilitätsorientiert verhalten, was bereits 1996 sogar an jenen Ländern zu sehen ist, die nicht zum engeren Euro-Kreis gehören. Das ist richtig, meßbar und durchaus erfreulich. Deshalb könnte die Mark im Euro nicht benachteiligt werden. Dieses Argument kann zwar akzeptiert werden, allerdings nur mit dem schwerwiegenden Einwand, daß später eine abweichende Entwicklung von Mark und Euro nicht mehr meßbar ist und daher nicht mehr nachgewiesen werden kann, einfach weil es keine Mark mehr gibt.

In diesem Zusammenhang drängt sich nun allerdings unabwendbar die Kardinalfrage für die Währungsunion auf. Sie lautet: Wenn die Mark die härteste Währung der Welt ist und der Euro die Stabilität derselben bekommen soll, dann sollte sich beim Umrechnungsfaktor der Euro konsequenterweise nicht am Ecu, sondern an der Mark orientieren, und zwar nach dem einfachen und richtigen Prinzip, das außerdem noch jeder versteht: 1 DM = 1 Euro. Dann bleibt nämlich für jeden nachvollziehbar die langjährige Relation von Mark und Dollar bestehen, wenn diese Relation sich ohne Bruch als Verhältnis von Euro und Dollar fortsetzt. Dazu bedarf es keines Umrechnungsfaktors, der heute noch nicht bekannt ist oder der sich am Ecu orientiert, sondern dann steigt der Euro mit der gleichen Relation zum Dollar ein, die auch für die Mark am 1. Januar 1999 besteht. Um beim Beispiel des Finanzministeriums zu bleiben: Ein Monatseinkommen von 1900 Mark sind dann 1900 Euro. Mit dem Umrechnungsfaktor 1 ändern sich folglich für die Deutschen nicht einmal die Zahlen, sondern nur der Name.

Selbst für die anderen Euro-Teilnehmer bleibt es beim Euro-Kurs für die Landeswährungen beim vertrauten DM-Kurs. Das wäre nicht nur sachlich richtig, sondern für unsere Nachbarn psychologisch äußerst wichtig. Für die Österreicher bleibt das Verhältnis Schilling zum Euro 7 : 1, wie seit 45 Jahren zur Mark, und für die Franzosen 3,4 : 1 – wie in den vergangenen zehn Jahren zur Mark. Denn seit Paris den Franc freiwillig an die Mark »gekoppelt« hat, bleibt der Franc stabil, während er vorher permanent und vehement an Wert verlor. Auch die Franzosen haben folglich nicht nur keine Probleme, wenn sich der Euro an der D-Mark orientiert, sondern auch sie gewinnen dadurch Vertrauen zum Euro.

Und daß die Franzosen den Euro geringer schätzen oder gar aus nationaler Eitelkeit ablehnen, weil die Mark ganz offensichtlich in den Euro eingestiegen ist, dieses Argument hält gleichfalls nicht stand. Es ist doch ganz offensichtlich ein Pseudoargument, das bestenfalls von einer extremen Minderheit vertreten wird.

Für die Holländer bleibt es beim Euro 1,12 : 1, wie bisher für den Gulden und die Mark, und vergleichsweise gilt das genauso für Belgier, Dänen oder Luxemburger. Für den Fall aber, daß sich die Briten doch noch für den Euro entscheiden, wovon ich ausgehe, und das Pfund bis 1999 wieder auf drei Mark hinaufklettert, hieße es dann 3 Euro = 1 Pfund. Dieses starke Pfund würde den Euro kaum destabilisieren. Ich kann mir deshalb nicht vorstellen, daß ausgerechnet die in Währungsfragen so cleveren Briten der europäischen Stabilitätsgemeinschaft fernbleiben, nur weil sie glauben, sie verlören mit dem Euro ihre nationale Identität. Erstens baut nicht nur Honda mittlerweile die besten Pkw in Großbritannien, was zweifellos mit dazu beigetragen hat, daß das Pfund wieder an Kaufkraft und Wert gewonnen hat, und zweitens weiß jeder Brite ganz genau, daß wir das Europa der Vaterländer behalten, auch wenn alle EU-Mitglieder außenpolitische, militärische oder währungspolitische Kompetenzen an Europa delegieren.

Und die dreijährige Probezeit von 1999 bis 2002, in der Pfund und Euro nebeneinander fortbestehen, wird wohl die Mehrheit der Briten gewiß davon überzeugen, daß die Währungsunion vor allem eine Leistungsunion ist. Brüssel sollte endlich aufhören zu behaupten, daß unsere Nachbarn Probleme bekämen, wenn die Mark zum Euro würde. Genau das Gegenteil wäre der Fall. Selbst die Amerikaner wüßten dann ganz genau, was sie ohnehin befürchten: Der Euro, das ist die Mark!

Die ganze Welt weiß dann darüber hinaus: Hinter Mark und Euro stehen nicht mehr nur das deutsche Bruttoinlandsprodukt von 3457 Milliarden DM (1995), sondern die sieben Kandidaten bringen gemeinsam eine Wirtschaftsleistung in den Euro ein, die 7221 Milliarden Mark oder 7221 Milliarden Euro ausmacht. Von der Kaufkraft her entspräche dann der Euro der Mark, aber das mehr als doppelt so große Euro-Volumen an den Finanzmärkten der Welt macht den Euro zweifellos noch stärker, als es die Mark bisher schon war. Konkret bedeutet das eher Abwertungsgefahr für Dollar und Yen, ja sogar für den Schweizer Franken. Wenn außerdem noch die EU-Beiträge erheblich heruntergesetzt werden, könnte die Schweiz vor allem wegen des starken Euro doch noch bis zum Jahr 2000 EU-Mitglied werden.

In diesem Zusammenhang sollten wir uns außerdem darüber klarwerden, daß der Dollar 1995 mit durchschnittlich 1,50 DM fast mit 30 Prozent unterbewertet war. Der Euro wird folglich beim Einstieg genauso wie die Mark um fast 30 Prozent überbewertet sein, falls es bei diesen Relationen bleibt. Über den deutschen und amerikanischen Warenkorbvergleich hatte der Dollar 1996 eine mittlere Kaufkraft von fast 2,10 DM; eine Tatsache, deren sich die Amerikaner genauso bewußt sind wie die deutschen Exporteure. Das heißt, die USA fördern mit einem extrem schwachen Dollar ganz bewußt Beschäftigung, Wachstum und Export. Sie importieren damit Inflation, nehmen große Außenhandelsdefizite in Kauf, und über hohe Zinsen halten sie die Volkswirtschaft dennoch im Gleichgewicht. Als Ergebnis dieser Wirtschafts- und Finanzpolitik entstanden in den zurückliegenden Jahren 17 Millionen zusätzliche Arbeitsplätze mit höheren Reallöhnen und niedrigen Steuern. Das war die Grundlage für Clintons Wahlsieg.

Die Deutschen jedoch und alle Hartwährungsländer, deren Währungen an die Mark »gekoppelt« sind, werden durch die überharte Mark benachteiligt, was Exporte, Beschäftigung und Wachstum betrifft. Die überharte D-Mark hat folglich die Arbeitslosigkeit begünstigt, die Inflation allerdings erheblich gedrosselt.

Wenn nun der Euro so hart wird wie die Mark, dann bleiben auch die zuvor genannten Wirkungen bestehen.

Wenn wir jedoch die überharte Mark etwas abwerten, dann schwächen wir diese nicht, sondern führen sie nur näher an ihre eigentliche Kaufkraft heran. Dies meinte wohl vor allem der Bundesbankpräsident Hans Tietmeyer Anfang Dezember 1996, als er sich den Dollar etwas stärker wünschte. Eine etwas schwächere Mark wäre also angemessen, und falls Geldmenge und Inflation das zulassen, wird die Bundesbank weiterhin niedrige Zinsen beibehalten oder diese gar noch weiter absenken. Für den Einstieg des Euro in die Leitwährung Dollar wäre es deshalb durchaus wünschenswert, wenn die Mark auf dem Weg dorthin den extrem unterbewerteten Dollar, der Deutschland und Europa stark benachteiligt, in Richtung 2,00 D-Mark wieder etwas aufwertet und an seine wahre Kaufkraft heranführt.

Die USA machten in den zurückliegenden Jahren mit dem Dollarkurs nationale sowie Weltpolitik – wie schon immer seit dem Ersten Weltkrieg. Dagegen war die übrige Welt meist machtlos. Doch über die neue europäische Stabilitätspolitik, die sich an Deutschland orientiert, kann mittlerweile die Deutsche Bundesbank per Zinssenkung den extrem unterbewerteten Dollar anheben, das heißt, sie kann gegen die amerikanische Wirtschaftspolitik, wenn diese gegen unsere Interessen gerichtet ist, etwas tun – allerdings nur in begrenztem Maße, wohlgemerkt. Dazu war bisher keine andere europäische Währung in der Lage, wohl aber die Mark, die ja schon bisher neben dem Dollar die zweite Leitwährung war. Diese Funktion wird der Mark/Euro-Währungsverbund künftig zweifellos verstärken. Der Dollar verliert dadurch teilweise sein Spekulationspotential, das heißt, er bekommt geringere Schwankungsbreiten, was allen Teilnehmern am gemeinsamen Markt nutzen wird. Unter der Voraussetzung, daß etwa 2005 alle EU-Länder im Euroverbund sein werden, übernimmt der Euro dann die Währungsleitfunktion in der Welt. Die Mark wird es dann nicht mehr geben, wir brauchen sie dann nicht mehr, weil sie ihre historische Mission, ganz Europa eine einheitliche, stabile Währung zu geben, erfüllt hat.

In diesem Zusammenhang ist es kein Zufall, daß diese Aufgabe den Deutschen zufiel; denn sie haben nun einmal das mit Abstand größte Wirtschaftspotential Europas. Und Geld ist ja lediglich der abstrakte finanzielle Ausdruck für den Gebrauchswert von Gütern und Leistungen im Bruttoinlandsprodukt. Das ist der objektive Hintergrund aus dem Gesetz der großen Zahl. Die stabile Mark allerdings ist eine deutsche Leistung, die in der Mentalität des deutschen Volkes wurzelt.

Die derzeitigen Konstellationen bieten jedenfalls Deutschen wie Europäern durchaus interessante, beträchtliche Chancen, da die Bundesregierung ihre stabilitätspolitischen Hausaufgaben gemacht hat, die Inflation sich in Richtung ein Prozent bewegt und die Unternehmen genügend Liquidität haben, so daß auch die Geldmenge M 3 in den vorgezeichneten Korridor einmündet. Die Deutsche Bundesbank kann nun endlich ihre stärkste Waffe gegen die Massenarbeitslosigkeit einsetzen, nämlich die Zinsen noch weiter zu senken; also extrem niedrige Zinsen für eine längere Periode! Dadurch geht die Überbewertung der

Mark zurück, Exporte und Beschäftigung nehmen zu, es wird noch mehr gebaut, die Steuern sprudeln, wie früher häufig, über die Schätzungen hinaus, so daß sich dringend notwendige Spielräume für beträchtliche Lohnsteuersenkungen ergeben, samt dem Wegfall des Solidaritätsbeitrags.

Warum ich da so sicher bin? Weil Helmut Kohl und Theo Waigel nur so eine Mehrheit für den Bundestag 1998 – und für den Euro 1999 bekommen!

Paris: Euro-Weichmacher oder Stabilitätspartner?

Als sich die Europäische Union auf 15 Mitglieder erweiterte und sich somit zum größten Binnenmarkt der Welt ausdehnte, gründete Washington völlig überraschend die Nordamerikanische Freihandelsvereinigung (NAFTA), bestehend aus den USA, Kanada und Mexiko, die zusammen mit über 400 Millionen Menschen einwohnerstärker sind als die EU mit zur Zeit 375 Millionen. Zudem ist Mexiko ein Entwicklungsland, wie vergleichsweise die Türkei. Beide sind mit einem Bruttoinlandsprodukt von 2 700 Dollar je Einwohner die ärmsten Industrie- oder OECD-Länder überhaupt. Das zeigte immerhin: Während die EU noch zögert, die Türkei aufzunehmen, integrierten die Amerikaner über 100 Millionen Mexikaner, weil ihnen der größere NAFTA-Markt wichtiger war als sämtliche noch so großen Unterschiede zwischen beiden Ländern. Außerdem, von amerikanischen Subventionen für das weit zurückliegende Mexiko wurde nichts bekannt, nur die Landeswährung wurde völlig ruiniert. Dennoch profitieren Mexiko wie die USA zweifellos vom gemeinsamen Markt samt intensiverem Wettbewerb.

Niemand kann deshalb voraussagen, wie die amerikanische Notenbank auf den Euro reagieren wird und was die US-Regierung dagegen unternimmt. Aber tatenlos zusehen werden beide gewiß nicht. Die USA werden ihre führende Position im Welthandel ebenso wie den Dollar als Leitwährung hartnäckig verteidigen. Ja, sie können den Europäern sogar den größten Binnenmarkt wieder streitig machen.

Die NAFTA-Wirtschaftsleistung wird 1997 rund 9000 Milliarden Dollar betragen. Wenn der Wert des extrem unterbewerteten Dollar im Jahresdurchschnitt bei 1,60 DM liegt, bleibt die Europäische Union mit einem Bruttoinlandsprodukt von ca. 8500 Milliarden Dollar bereits hinter der NAFTA zurück; bei einem Dollarkurs von 1,70 DM beträgt das westeuropäische Wirtschaftspotential gar nur 8000 Milliarden Dollar. Damit bekäme Europa nur den zweitgrößten Binnenmarkt, und eventuell verweist uns die ASEAN sogar auf den dritten Rang.

Das bedeutet zunächst einmal: Den größten Binnenmarkt der Welt verdankte die Europäische Union 1996 vor allem der harten und starken Deutschen Mark von 1,50 DM je Dollar!

Nun gut, zwischen Amerikanern und Europäern geht es letztlich gewiß nicht darum, über diesen oder jenen Dollarkurs einen kleineren oder größeren Binnenmarkt »auszurechnen«. Aber es macht doch einen gewaltigen Unterschied aus, ob wir über unsere eigene europäische Stabilitätspolitik sowie durch die damit möglichen niedrigen Zinsen den schwachen Dollar anheben, was für uns mehr Exporte, Beschäftigung und Wachstum bedeuten würde, initiiert durch eine eigene europäische Stabilitätspolitik mit niedrigen Zinsen, oder aber, ob wir weiterhin im Sog der amerikanischen Zinsen bleiben. Das war und ist immer dann der Fall, wenn sich die USA mit einem unterbewerteten Dollar sowie mit niedrigen Steuern derart dynamisch entwickelten, daß die Zinsen steigen, die die Aktienkurse drücken und die Anleiherenditen anheben. Der Dollar bleibt dann weiterhin unterbewertet, während die Europäer, ob sie wollen oder nicht, die Zinsen anheben müssen. In Zukunft soll uns jedoch eine starke Währung von den amerikanischen Zinsen »abkoppeln«, damit wir endlich unsere Arbeitslosenquoten von über zehn Prozent auf amerikanisches Niveau von fünf Prozent halbieren können. Das heißt, wir brauchen keine zu harte oder überbewertete Mark, aber zweifellos eine starke, mit der wir uns gegen den Dollar durchsetzen können. Das kann gegebenenfalls auch mit einer Abwertung der Mark oder des künftigen Euro geschehen. Mit einer schwachen Währung aber, auf deren Signale keiner hört, ist weder Währungs-, noch Fi-

nanz- oder Wirtschaftspolitik zu machen, und Sozialpolitik schon gar nicht.
 Im Grunde genommen ist dies der Kern der deutsch-französischen Meinungsgegensätze. Hierbei geht es allerdings keineswegs für oder gegen den Euro, sondern allein darum, wie die D-Mark bereits vor der Einführung der neuen Währung und später der Euro selbst als Instrument der Politik eingesetzt werden soll.
 Der Präsident des französischen Arbeitgeberverbandes Jean Gandois meinte dazu: »Die angestrebte europäische Währung müsse nicht immer die größtmögliche Stärke haben. Beim Euro könne nicht der deutschen Währungspolitik gefolgt werden; denn diese geht davon aus, daß alles getan werden muß, damit die Währung so stark wie möglich ist.«
 Auch der vormalige französische Präsident Valéry Giscard d'Estaing schlägt sich auf die Seite der Weichmacher. Vor dem Start der Währungsunion möchte er den französischen Franc gegenüber dem Dollar abwerten, und am liebsten würde er auch noch Europas Leitwährung, die Mark, um acht bis neun Prozent – also auf 1,65 DM zum Dollar – herunterstufen, weil der Euro sonst schon bei seiner Geburt erhebliche handels- und finanzpolitische Wettbewerbsnachteile hätte. Mit dieser Meinung ist er jedoch nicht allein. Auch der Präsident der Nationalversammlung, Philippe Séguin, möchte den Franc gegenüber der Mark abwerten, obwohl ihm klar ist, daß er damit den Euro schwächen würde.
 Nun gut, schwerwiegende Unterschiede zur deutschen Position sind das nicht. Selbst der Bundesbankpräsident, Hans Tietmeyer, kann sich einen etwas stärkeren, sprich weniger unterbewerteten Dollar vorstellen. Nur möchte er den Dollar über eine deutsche Zinssenkung anheben, nicht aber dafür die Mark abwerten.
 Dennoch, deutsche Konservative sehen in der französischen Kritik nichts anderes als den sattsam bekannten französischen Versuch, den Deutschen ihre Geldwertstabilität zu rauben und damit auch den Wohlstandsvorsprung gegenüber Frankreich, der immer größer wird.

Es versteht sich fast von selbst, daß bei diesem sensiblen Thema Helmut Schmidt nicht schweigt. Schließlich hat er mit Giscard den aufgeweichten, abgewerteten und deshalb gescheiterten Ecu zu verantworten. In seiner hauseigenen Wochenzeitung DIE ZEIT läßt er uns zunächst darüber belehren, daß »Frankreich eine selbstbewußte Nation ist. Deutschland darf sich nicht als sein Vormund aufspielen«, womit er, wie meist von links, bereits völlig verkehrt herum in das Thema einsteigt. Jeder weiß nämlich, daß überwiegend die Franzosen versuchen, uns zu belehren.

Doch weil sich in Helmut Schmidts ZEIT sowohl der größte Teil deutscher Kritik am Euro bündelt als auch Frankreichs Position in bezug auf den Euro falsch dargestellt wird, sei hier klargestellt: Giscard d'Estaing ist nicht Frankreich und Helmut Schmidt nicht Deutschland, mehrheitlich schon gar nicht. Denn der Berater des französischen Präsidenten, Pierre Lellouche, sagte am Vorabend des deutsch-französischen Gipfels in Nürnberg Anfang Dezember 1996: »Deutschland und Frankreich liegen auf gleicher Linie – auf höchster Ebene. Aber der Rest folgt nicht.«[1]

Was folglich Helmut Schmidt in der ZEIT über Fredy Gsteiger sagen läßt, ist nichts anderes als die gebündelten deutschen Euroweichmacherthesen.[2]

»Darf der Bundesbankpräsident unermüdlich die monetäre Peitsche schwingen und haushaltspolitische Keuschheit fordern?« Oder: Frankreichs Politiker sind zunehmend empört über den unablässigen Schwall von Wahrheiten und Weisheiten aus Deutschland.« Und schließlich: »Aus Pariser Sicht wächst die Skepsis der Deutschen, je wahrscheinlicher der Beitritt Italiens, Spaniens und Portugals wird. Aber verdienen nur die Europäer nördlich der Alpen den Euro?«

Vor allem aber: »Sollen sich die Europäer, die ohnehin schon ihre liebe Not mit den Deutschen haben als ihrem ökologischen und moralischen Weltgewissen, nun auch noch deren ökonomisches Diktat gefallen lassen?«

---

[1] SZ, 9.12.96, S. 2
[2] ZEIT, 29.11.96, S. 1

Und: »Wer in Deutschland den Euro wirklich will, dem kann man angesichts der bloßliegenden Nerven in Frankreich nur nachdrücklich raten, auf den schulmeisterlichen Zeigefinger zu verzichten.«

Abgesehen davon, daß Helmut Schmidts Zeigefinger weltweit am bekanntesten ist, kommt hier fast alles zum Ausdruck, was für die deutsche Linke typisch ist: nämlich unpräzise Formulierungen, fehlende Logik und Angst vor einem starken Euro, weil der Deutschlands guten Ruf in der Welt noch weiter anhebt.

Doch die Zeiten sind vorbei, in denen Helmut Schmidt vor Millionen Zuschauern im Fernsehen einmal sagte, als er richtigerweise amerikanische Pershings gegen russische SS 20 aufstellen ließ: »Ich habe auch Angst!« Damals war er noch deutscher Bundeskanzler und wußte genau, daß jedes Volk alles andere, nur nicht Angst braucht, wenn es denn bedroht ist.

Helmut Kohl jedenfalls, dem man sicher anderes nachsagen könnte, lag völlig richtig, als er in Paris neben Chirac stehend im November 1996 sagte: »Ich appelliere an die Franzosen, nicht pessimistisch zu sein und keine Angst vor Europa zu haben!« Noch nie zuvor hatte ein deutscher Bundeskanzler den Franzosen in aller Öffentlichkeit Pessimismus und Angst unterstellt; da es jedoch keinen empörten Aufschrei gab, weder von links noch von rechts, muß der Bundeskanzler mit den Franzosen weitgehend übereingestimmt haben.

Das größte Brüsseler Problem?
Geldverschwendung durch falsche Organisation!

Deutschland ist Europas Zahlmeister, was an sich keine Neuigkeit ist. An den Brüsseler Einnahmen von 145 Milliarden Mark (1995) waren wir entsprechend unserem Wirtschaftspotential mit 29 Prozent beteiligt, das heißt, wir überwiesen 44 Milliarden Mark oder 1,3 Prozent unseres Bruttoinlandsprodukts.

Davon bekamen wir zwölf Milliarden wieder zurück, so daß wir für Europa einen Beitrag von netto 32 Milliarden Mark leisten. Kein anderes europäisches Land engagiert sich so wie wir.

Und so stellte sich die Brüsseler Umverteilung 1995 allein beim Strukturfonds dar:

Netto-Zahler		Netto-Empfänger	
	– in Milliarden D-Mark –		
Deutschland	22,0	Spanien	9,4
Großbritannien	6,5	Griechenland	8,8
Niederlande	2,8	Portugal	5,5
Italien	1,3	Irland	5,1
Frankreich	0,9	Belgien	3,6
Österreich	0,9	Luxemburg	1,9
Schweden	0,9	Dänemark	0,6
		Finnland	0,4
	35,3		35,3

Deutschland finanziert demnach nicht nur den Wiederaufbau der neuen Bundesländer, sondern auch noch die gesamte Süderweiterung. Frankreich hingegen hält sich mit einem Beitrag von weniger als einer Milliarde Mark sichtlich zurück, während Belgien 4,6 Milliarden Mark einzahlt, 8,2 Milliarden Mark aus den Brüsseler Töpfen zurückerhält und somit an der EU 3,6 Milliarden D-Mark netto verdient.

Oder die sprichwörtlich lustigen Luxemburger gar: Sie zahlen 0,4 Milliarden Mark ein, erhalten 2,3 Milliarden zurück und verdienen an Europa unterm Strich 1,9 Milliarden DM. Für das kleinste Land der EU mit lediglich 400 000 Einwohnern waren das 1995 pro Kopf 4700 DM – die ärmeren Griechen und Portugiesen hingegen bekamen gerade mal 850 bzw. 550 DM pro Kopf.

Da drängen sich wie von selbst gleich mehrere deutsche Fragen an Brüssel auf:
- Wieso ist eigentlich das je Einwohner reichste Land der Welt, Luxemburg, überhaupt unter den Netto-Empfängern?
- Warum erhalten die reichen Dänen, die auf der Wohlstandsrangliste der Nationen seit langem weit vorn liegen, Brüsseler Zuwendungen, während Deutschland, hinter Dänemark zurückliegend, netto 22 Milliarden Mark eingezahlt hat?

- Die größten Absteiger und Verlierer innerhalb der EU waren die Briten, was höchst bedauerlich und unverständlich ist. Aber warum mußten sie dann netto noch 6,5 Milliarden Mark bezahlen? Darüber hinaus kursieren über die deutschen EU-Netto-Beiträge unterschiedliche Zahlen. FOCUS veröffentlichte in der Nummer 9/1995, Seite 32, für 1994 nur 25,1 Milliarden DM, das Deutsche Institut für Wirtschaftsforschung, Köln[1], nennt 27,6 Milliarden DM, und die Deutsche Bundesbank weist in ihren Monatsberichten 31,7 Milliarden DM aus.[2]

Mit der Wiedervereinigung wurde Deutschland durch die kaputte, unterentwickelte ehemalige DDR zusätzlich belastet wie sonst kein anderes EU-Land. Doch seither verringerten sich die Nettobeträge nicht, sie verdreifachten sich!

Die bayerische Staatsregierung kritisiert gleichfalls massiv die EU-Subventionen. Die EU schütte mehr Subventionen über die Länder aus, als diese verkraften können. Von den 261 Milliarden DM, 1989/95 für Regional- und Strukturfonds, wurden 16 Prozent, also 42 Milliarden DM, gar nicht in Anspruch genommen.

Deutsche EU-Netto-Leistungen	
1990	13,6 Mrd. DM
1991	21,9 Mrd. DM
1992	25,3 Mrd. DM
1993	27,3 Mrd. DM
1994	31,7 Mrd. DM
1995*	35,0 Mrd. DM
1996*	40,0 Mrd. DM
* Vorläufige Zahlen, Schätzung	

Neben Betrug und Mißbrauch von EU-Mitteln, neben Korruption und Verschwendung in zahlreichen Einzelfällen gibt es in der EU zweifellos auch noch krasse Ungerechtigkeiten sowie völlig unverständliche Umverteilungen, die Theo Waigel einmal viel zu rücksichtsvoll und verharmlosend als »ungerechte Lastenverteilung« bezeichnete, obwohl Deutschland mit 29 Prozent der EU-Wirtschaftsleistung fast 70 Prozent der Nettolast finanziert. Franz Josef Strauß hätte das wahrscheinlich weit

---

[1] Zahlen zur wirtschaftlichen Entwicklung 1996, S. 41
[2] Monatsbericht Oktober 1996, S. 70

treffender und deftiger formuliert. Er hätte das Ganze auf gut bayerisch mindestens als größte europäische Sauerei bezeichnet, womit er dem Problem gewiß sehr viel näher gekommen wäre.

Diese korrupte und verschwenderische Brüsseler Mißwirtschaft ist weder deutsch noch französisch oder europäisch. Es ist die Arroganz der Brüsseler Eurokraten frei nach dem Motto: Europa? Das sind wir! Es ist der Geist Ludwigs XIV., der in Brüssel sein Unwesen treibt; er verkörpert das Gegenteil von sparsamer deutscher oder gar preußischer Haushaltsführung.

Dennoch, die von immer mehr Deutschen als ungerecht empfundenen Brüsseler Umverteilungsprinzipien reichen als Hauptansatzpunkte zur Reform der EU keineswegs aus. Der entscheidende Einwand bleibt die Ineffizienz, der viel zu niedrige Nutzeffekt der riesigen Hilfsmittel, der genaugenommen nicht einmal den geringsten Nutzen brachte. Denn die zwischen 1985 und 1995 größer gewordene Wohlstandslücke zwischen Arm und Reich ist kein Nutzen, sondern ein Schaden für alle, für die Ärmeren ebenso wie für die Wohlhabenden.

Im EU-Strukturfondsbericht 1995, für den die deutsche EU-Kommissarin Monika Wulf-Mathies zuständig war, heißt es dazu sinngemäß: Mit dem Kohäsionsfonds hatte sich die EU ein zusätzliches Instrument zur Förderung der ärmsten EU-Länder gegeben. Deren BIP pro Kopf stieg 1995 auf 76 Prozent des Unions-Durchschnitts an. Doch die Realität sieht anders aus: Die vier ärmsten Länder brachten 1995 eine Wirtschaftsleistung von 823 Milliarden Dollar mit 63,1 Millionen Einwohnern, was pro Kopf 13 050 Dollar ausmacht. In Relation zum Unionsdurchschnitt von 22 663 Milliarden Dollar sind das jedoch nur 58 Prozent! Ist das nun Betrug oder Unfähigkeit?

Deutschland hat größte Mühe, sein Haushaltsdefizit 1997 von 3,9 auf 3,0 Prozent herunterzukürzen, was erneut Ausgabenkürzungen verlangt, zugleich aber führen wir an Brüssel netto rund 36 Milliarden DM ab, um u. a. Luxemburg zu subventionieren. Damit beweist die Brüsseler Bürokratie eine widersinnige Unfähigkeit, die noch 1997 beendet werden muß.

Die einfachste und schnellste Korrektur?

1. Alle Brüsseler Einnahme- und Ausgaberegelungen zum frühestmöglichen Termin (1999) aufkündigen.
2. Alle Subventionen des Strukturfonds einfrieren und die betroffenen Projekte über europäische Entwicklungsbanken finanzieren, deren Kredite zurückzuzahlen sind. Anders ist die bisher fehlende Rentabilität nicht herbeizuführen. Die Landesbanken oder neu zu gründende europäische Entwicklungsbanken können diese Funktion schnell und problemlos übernehmen.
3. Alle Agrarsubventionen sind zu überprüfen und von den jeweiligen Ländern direkt selbst zu finanzieren, ohne Umverteilung über Brüssel, aber unter Berücksichtigung regionaler Besonderheiten, wie beispielsweise bei den übergroßen Genossenschaften der neuen Bundesländer.
4. Die Völker Europas wünschen keine Vereinigten Staaten von Europa, sondern mehrheitlich ein Europa der Vaterländer. Allein schon deshalb kann die Europäische Union rein von der Sache her überhaupt nur noch effizient mit dem Stab-Linien-Prinzip organisiert und geleitet werden. Alle Länder behalten ihre Richtlinienkompetenz. Der Europakommissar hat samt Kommission eine rein beratende Funktion, wie ein Stabschef, aber eben keine Entscheidungskompetenz über die Verwendung der Gelder. Diese liegt allein bei den Staatsregierungen, dort, wo das Geld erarbeitet wird. Die Mißachtung des Stab-Linien-Prinzips ist die Hauptursache der Brüsseler Verschwendung. Im Augenblick bleibt jedoch nichts anderes übrig, als zuzuschauen, wie Brüssel über das Funktionalprinzip die mühsam erarbeitete Deutsche Mark verschwendet.

Für Inneres, Äußeres, Verteidigung, Wirtschaft und andere Gebiete bestehen beim Europakommissar Fachstäbe. Diese bereiten beispielsweise Beschlüsse zur Außenpolitik vor, die im Ministerrat diskutiert, ergänzt oder verändert und beschlossen werden. Danach sind diese für jedes Land bindend. Europa spricht so durchaus mit einer Stimme. Jedes Land behält seine Souveränität für die Außenpolitik wie bisher, aber eben im Rahmen der europäischen Richtlinien. Das engt den eigenen Spielraum zwar ein, aber wenn sich die jeweilige Außenpolitik an den

Interessen der Europäischen Union orientiert, wie gemeinsam beschlossen, dann kann es bei der Außenpolitik der einzelnen Mitgliedsstaaten nur minimale Unterschiede geben. Im Gegensatz zum Funktionalsystem hat beim Stab-Linien-System jeder nur einen Vorgesetzten. Vom Ministerrat über die Mitgliedsstaaten sowie deren Bundesländer und Kreise bis zu jeder Gemeinde bestehen so klare Informationslinien und Entscheidungskompetenzen mit eindeutigen Rechten und Pflichten. Das heißt, in einem Europa der Vaterländer existiert eine übersichtlich gegliederte, pyramidenförmig aufgebaute Hierarchie von Rechten und Pflichten, die jeder Region, aber auch jeder Gemeinde ihren optimalen Freiraum gewährt, um ihre Interessen selbständig und standortnah zu wahren. Aber alle Staaten der Europäischen Union delegieren auch in einem Europa der Vaterländer Teile ihrer Souveränität, beispielsweise der Außen- und Währungspolitik, an den Europäischen Ministerrat.

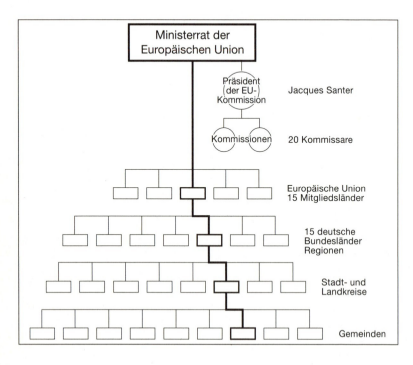

Alle EU-Mitgliedsländer bewahren damit ihre staatliche Souveränität, und so kann beispielsweise der EU-Landwirtschaftskommissar keinen direkten Einfluß mehr auf die deutschen Landwirte ausüben. Er kann zwar Gesetze erarbeiten oder Subventionen vorschlagen, aber nur der Ministerrat kann diese erlassen, und zwar einstimmig wie bisher. Später könnte aber auch mit Zweidrittelmehrheit entschieden werden.

Die kleinen EU-Mitglieder werden allerdings das Einstimmigkeitsprinzip hartnäckig verteidigen, da sonst Frankreich und Deutschland zusammen mit den Beneluxländern das Tempo und die Richtung der europäischen Entwicklung noch stärker beeinflussen, als sie dies bereits jetzt tun.

Die Höhe der EU-Beiträge hängt entscheidend von der Organisationsstruktur ab, je nachdem, ob das Funktional- oder das Stab-Linien-Prinzip angewandt wird. Beispielsweise können Agrarsubventionen dezentralisiert werden und rückständige Regionen effektiver über Bankkredite als über Subventionen finanziert werden. Beides leistet das Stab-Linien-Prinzip besser als die bisherige Organisation auf der Grundlage des Funktionalprinzips.

Kürzlich wollte Brüssel auch noch die europäische Massenarbeitslosigkeit bekämpfen, was allerdings alle Mitglieder vehement zurückwiesen. Hier wurde folglich erneut versucht, eine Aufgabe zu zentralisieren und funktional zu lösen, für die jedes EU-Mitglied eindeutig selbst hauptverantwortlich ist und von der jedermann weiß, daß Brüssel dafür weder zuständig noch prädestiniert ist.

Genauso deplaziert ist Brüssels Engagement in der Entwicklungshilfe und der Forschung. Beides leisten ohnehin ganz überwiegend alle Mitgliedsländer und Unternehmen selbst, so daß letztlich eben doch nur Management und Verwaltung der EU zu finanzieren sind.

Aber selbst dann, wenn der größte Teil der Agrarsubventionen nicht mehr zentral über Brüssel, sondern dezentral finanziert wird mit mehr Gestaltungsmöglichkeiten für die Regionen, so wie das der bayerische Ministerpräsident Edmund Stoiber vorschlägt; selbst dann, wenn beispielsweise Frankreich netto mehr für Europa bezahlt oder wenn Betrug, Mißbrauch und Korruption eingedämmt werden, können wir uns damit nicht zufriedengeben, und zwar auch dann nicht, wenn der Euro fristgemäß zum 1. Januar 1999 kommen sollte. Eine einheitliche europäische Währung ist eben für sich genommen noch kein Ziel europäischer Politik, und schon gar kein inhaltliches Endziel, sondern lediglich das wirkungsvollere Instrument für eine effizientere europäische Wirtschafts- und Sozialpolitik, die wir zweifellos dringendst benötigen. Selbst ein gegenüber Dollar und Yen stabiler Euro, in den sich hoffentlich schnell alle Nachzügler aus dem EWS II integrieren lassen, kann, so gesehen, kein wirtschaftliches Endziel europäischer Politik sein.

Dieses rein wirtschaftliche Endziel ist unmißverständlich so zu definieren: Alle EU-Mitglieder sind so fit zu machen, daß wir im globalen Wettbewerb mit Nordamerika und Ostasien unseren Anteil an der Weltwirtschaft weiter ausbauen; das Heranholen des rückständigen Südeuropas gehört hier dazu. Bereits ein Festhalten am Status quo wäre der Beginn eines wirtschaftlichen und politischen Abstiegs, und ein schrumpfender Anteil an der Weltwirtschaft würde letztlich doch den »Untergang des Abendlandes« einleiten. Dieser wurde zwar von Oswald Spengler bereits nach dem Ersten Weltkrieg vorausgesagt, doch wie wir heute wissen, war dieser »nur« der Beginn des großen europäischen Bürgerkriegs aber nicht der Untergang Europas.

In Wahrheit ist Europa gerade dabei, seine vormalige Stellung in der Welt zurückzugewinnen und die Nachkriegsvorherrschaft der USA und der Sowjetunion in Europa zu beenden. Wir sind uns dessen nur noch nicht bewußt. Ein Blick auf die sich fortwährend verändernden Weltwirtschaftspotentiale der Kontinente macht deutlich, wie sich die Dominanz in der Welt verlagert.

Die USA sind wirtschaftlich gesehen zweifellos noch die Nummer eins, doch der amerikanische Weltanteil schrumpfte unaufhaltsam von 35,2 Prozent im Jahre 1950 auf nur noch 24,7 Prozent 1995.

Westeuropas Anteil dagegen stieg deutlich sichtbar von 25,1 auf 32,1 Prozent an. Damit tauschten Europa und die USA ihre

Bruttosozialprodukt (Welt-Anteile in %)				
	1950	1970	1990	1995
westliche Industrienationen	**66,3**	**63,7**	**70,0**	**78,5**
USA	35,2	26,7	25,0	24,7
Westeuropa	25,1	25,7	27,4	32,1
Japan	2,3	7,4	13,9	17,5
übige	3,7	3,9	3,6	4,2
Entwicklungsländer	**13,6**	**14,2**	**17,0**	**15,9**
(Ex-)kommunistische Staaten	**20,1**	**22,0**	**13,0**	**5,6**
Sowjetunion (Rußland)	11,7	13,2	7,6	1,6
Osteuropa	4,8	4,6	3,0	1,4
China	3,1	3,3	1,9	2,3
andere	0,5	0,9	0,5	0,0

Welt-Anteile. Dieser Trend ist noch nicht abgeschlossen, sondern über die EU-Osterweiterung würde er sich sogar noch verstärken. Die potentielle Großmacht Europa kann und wird künftig einen Anteil am globalen Bruttosozialprodukt von 40 Prozent erreichen, wie Großbritannien in der Mitte des 19. Jahrhunderts oder die USA 1948!

Die Flagge folgt dem Kaufmann! Schritt für Schritt werden deshalb die USA ihren weltpolitischen Einfluß zunächst wieder mit Westeuropa teilen; doch nach der EU-Osterweiterung einschließlich Rußlands wird sich das Schwergewicht der Weltpolitik erneut nach Europa verlagern, selbstverständlich im Rahmen der UNO und im Zusammenwirken mit den USA, Japan und China. Die in der Europäischen Union vereinigten Europäer sollten diese Verlagerung des ökonomischen Schwergewichts in der Welt erkennen – und daraus jetzt auch politische Konsequenzen ziehen. Rußlands europäische Integration ist so gesehen nichts anderes als der politische Vollzug einer historisch absolut möglichen und notwendigen Aufgabe. Die Russen werden gemeinsam mit Ukrainern und anderen Osteuropäern die Chance ergreifen, aber wir müssen sie dazu auch einladen, dazu auffordern, ja sogar dazu verpflichten!

Rußlands EU-Mitgliedschaft, selbst wenn diese erst später verwirklicht werden kann, würde die NATO-Osterweiterung überflüssig machen und erneut große Rüstungspotentiale freisetzen sowohl für die heutigen Mitglieder der EU als auch für Rußland. Alle Europäer erhielten so endlich die eigentliche Friedensdividende aus dem Ende des Ost-West-Konflikts; denn dann wären Rüstungsquoten von nur noch einem Prozent des Bruttoinlandsprodukts denkbar und machbar! Verglichen mit der derzeitigen Rüstungslast von zwei bis drei Prozent könnten so pro Jahr weitere 100 bis 200 Milliarden Dollar durch eine noch tiefer greifende Abrüstung für die Zivilwirtschaft frei werden. Hier entstehen dann zusätzliche Arbeitsplätze, die sich im Gegensatz zu den durch Steuern subventionierten in der Rüstungsindustrie selbst finanzieren.

Vor diesem Hintergrund ist die geplante NATO-Ausdehnung bis an die Grenzen Rußlands schlichtweg falsch, weil sie den Ost-West-Konflikt auf niedrigerem Niveau höchst unnötig fortführt und der weiteren friedlichen EU-Osterweiterung im Weg steht.

Denn wenn wir Polen und Tschechen auf deren Wunsch hin ausgerechnet jetzt in die NATO einbeziehen, dann lösen wir doch in Europas ärmster Region eine Nachrüstung aus, die schon deshalb nicht in die europäische Landschaft hineinpaßt, weil die zweifellos erfolgreiche und zum Glück gut funktionierende NATO in absehbarer Zeit so oder so in eine europäische Sicherheitsorganisation umgeformt werden wird, die sowohl Russen als auch Polen und Tschechen partnerschaftlich einbinden wird. Also, was soll das Ganze dann jetzt noch?

Selbstverständlich handelt die NATO so, weil die Moskauer Verhältnisse noch nicht so sind, wie sie sein müßten, was zuletzt die Kämpfe in Tschetschenien bestätigten. Kurz gesagt: Derzeit ist Rußland noch nicht reif für Europa. Daher ist es wichtig zu fragen, ob Rußland nach Europa will, wann es will und ob es jemals so weit sein wird.

Die eigentliche Frage aber, ob Rußland ohne Europa überhaupt eine Zukunft hat, wird bisher kaum in Erwägung gezogen, weder von den Russen noch von Brüssel oder von der NATO, wobei die beiden zuletzt Genannten für Rußlands Schicksal nun nicht gerade hauptverantwortlich sind. Doch über ein Problem nicht nachzudenken oder nicht darüber zu sprechen, das heißt doch noch lange nicht, daß es nicht existiert. Die Rot-Braunen in Moskau wie der Altkommunist Sjuganow oder der »Liberal-Faschist« Schirinowski haben für Rußlands Zukunft bereits konkrete Vorstellungen. Der eine will ein neues Rußland in den Grenzen der Sowjetunion, aber mit »demokratischen, freiheitlichen« Kommunisten, der andere will nur die »slawischen Brüder« wieder zusammenfügen, allerdings aufgrund der Bedeutung der Ostseehäfen unter Einschluß der baltischen Staaten. Nun gut, eigentlich kann man derart realitätsfremde Vorstellungen kaum noch ernst nehmen, doch es gibt auch westliche Empfehlungen für die Russen, die ähnlich abenteuerlich bzw. skurril sind. Wenn die Russen Europäer weder sein können noch wollen, dann sollten sie doch wenigstens mit allen Osteuropäern eine Art EFTA bilden. Der Hintergrund dieser Überlegungen? Westeuropa bliebe dann vom Osten zunächst noch ganz verschont. Später jedoch könnten, wie vormals bei der EFTA geschehen, alle Mitglieder nach und nach zur EU hinüberwechseln, wenn sie Demokraten geworden und wirtschaftlich effizient sind.

Abgesehen davon, daß heute weder Tschechen noch Polen ein Interesse haben, mit ihren »slawischen Brüdern« in Moskau erneut zusammenzugehen, handelt es sich hierbei wohl mehr um eine rein theoretische Überlegung. Denn ohne massive westliche Unterstützung schaffen alle Osteuropäer sowieso keinen durchgreifenden Aufstieg.

Aber immerhin könnten 210 Millionen Russen, Ukrainer und Weißrussen vielleicht eine Art von EFTA bilden. Nur, wie wir heute wissen, stehen dafür nicht einmal mehr die Ukrainer zur Verfügung. Die Frage nach der Zukunft müssen die Russen folglich für sich selbst allein beantworten.

Allein dieser strategische Fehler der EU, nämlich Gelder anstelle für eine Osterweiterung der EU für die überflüssige der NATO auszugeben, zeigt die Dringlichkeit einer EU-Reform, die auch einen neuen EU-Topmanagertyp unbedingt notwendig macht.

Wenn wir die Währungsunion verwirklichen, die Osterweiterung aber nur halbherzig angehen, indem wir diese verzögern oder nur auf einige wenige neue Mitglieder ausdehnen, so wäre das doch höchstens die zweitbeste Lösung. Wir sind deshalb jetzt auch aufgefordert, nicht nur darüber nachzudenken, warum Rußland nicht zu integrieren sei, sondern wir sollten gründlich und intensiv über Möglichkeiten nachdenken, den Euro zunächst mit einem Teil der Mitglieder auf die Schiene zu bringen und die anderen so schnell wie möglich dafür zu qualifizieren, d. h. die Südeuropäer fit machen und die Osteuropäer später hereinholen – aber dann einschließlich Rußlands! In der Theorie klingt dies zwar relativ einfach, doch die Realisierung in der Praxis ist wesentlich schwieriger. Aber wenn wir Rußland nicht so schnell wie möglich integrieren, sondern weiterhin außen vor lassen, können wir die EU-Verteidigungshaushalte niemals so weit reduzieren wie im Falle einer russischen EU-Mitgliedschaft.

Wenn wir Rußland jedoch integrieren, bekommen wir eine zusätzliche Abrüstungschance bis hinunter zu Rüstungsquoten von nur noch einem Prozent. Dies würde Europa nicht nur Frieden bringen, sondern auch neue, weiter reichende finanzielle Spielräume eröffnen. Dieser Schritt würde das ermöglichen, was ohnehin seit geraumer Zeit auf der europäischen Tagesordnung steht und sowieso kommen muß, nämlich eine Europäische Sicherheitsorganisation (ESO), die die so überaus erfolgreiche NATO ersetzt, diese einbezieht, sie quasi unter europäischem Vorzeichen fortführt, und in die Rußland als wichtiges, ja sogar als äußerst wertvolles Mitglied sowieso hineingehört. So gesehen käme Rußland nicht als armer Bittsteller nach Europa, sondern vergleichsweise als Freier, der eine zwar noch nicht flüssige, dennoch aber hochinteressante Mitgift nach Europa einbringt.

Frankreich, das ja lange Zeit nur graduell zur NATO gehört hatte und das auch jetzt noch nicht Vollmitglied ist, gehört dann selbstverständlich dazu, ebenso die Amerikaner oder die Kanadier, deren Rüstungslast gleichfalls geringer wird. Für die USA ergibt sich daraus außerdem eine niedrigere, weil geteilte Verantwortung, die die Amerikaner von den Europäern schon seit langem einfordern.

Diese Europäische Sicherheitsorganisation würde die NATO-Ausdehnung nach Osten hin genauso überflüssig machen wie eine russische Antwort darauf, die dann wiederum eine westeuropäische Reaktion implizierte, so daß unvermeidlich mindestens eine kleine Rüstungsspirale wieder in Gang gesetzt würde. Diese würde den großen, weltweiten Abrüstungsprozeß, der ja noch längst nicht abgeschlossen ist, konterkarieren – und das ausgerechnet in Europa.

Es kann niemals im Interesse der Europäer liegen, daß der mit dem Ende des Kommunismus in Gang gesetzte weltweite Abrüstungsprozeß unterbrochen und künftig zwischen Rußland und Westeuropa fortgesetzt wird. Selbst wenn dieser Konflikt nur auf Sparflamme weiterkocht, ist er höchst überflüssig. Europa braucht keinen kalten Frieden, wie Jelzin das einmal durchaus zutreffend nannte, sondern Frieden in Europa, Frieden in ganz Europa. Wir brauchen das, was die Gründungsväter gleich zu Beginn als letztes, wichtigstes Ziel für die Einheit Europas in die Gründungsurkunde hineingeschrieben haben – die Pax Europae!

Nachdem Rußlands Präsident Jelzin im September 1996 verkündet hat, die russische Armee bis zum Jahr 2000 auf 1,5 Millionen Mann Berufssoldaten zu reduzieren, ist die NATO-Osterweiterung aber nicht nur schlechthin falsch, sie wäre vielmehr so überflüssig wie ein Kropf und so ziemlich das Dümmste, was die Europäer am Vorabend ihrer in greifbare Nähe rückenden Einheit sich selbst noch antun könnten. Denn auf der Tagesordnung Europas steht eben nicht die Bedrohung Polens durch Rußland, sondern Rußlands Einbindung in die ESO. Diese macht den Weg frei für die Integration aller Osteuropäer – einschließlich Rußlands.

Die tiefsitzende Angst der Polen vor den Russen, die künftig nur noch Berufssoldaten unterhalten, ist so gesehen historisch vollkommen überholt, zumal der polnische Wunsch, der NATO anzugehören, ausgerechnet noch von Polens Altkommunisten stammt, die der eigenen Bevölkerung damit lediglich beweisen wollen, wie westlich und demokratisch sie selbst geworden sind.

Die Österreicher jedenfalls, die sich, an »polnischen Ängsten« gemessen, genauso durch Rußland bedroht fühlen müßten, verzichten demonstrativ auf die NATO. Das neutrale EU-Mitglied wartet ganz offensichtlich auf die Gründung der ESO, in die es sich problemlos einordnen wird; zur Begründung des Verzichts auf die NATO-Nachrüstung führt Wien nur einen Faktor ins Feld – die sieben Milliarden Dollar teure Nachrüstung, die eingespart werden soll.

Das neutrale und, verglichen mit Polen, zehnmal wohlhabendere Österreich verzichtet folglich darauf, zum wievielten Male eigentlich, das Bundesheer zu modernisieren. Das bettelarme Polen hingegen, das eigentlich jeden Dollar für seine unterentwickelte Infrastruktur und die zerstörte Umwelt benötigt – für seine rückständige Landwirtschaft sowie für neue Industrien –, kann sich jedoch eine Modernisierung seiner Armee in Höhe von 35 Milliarden Dollar vorstellen. Tschechen und Ungarn müßten dann gleichfalls für jeweils zehn Milliarden Dollar westliche Waffen kaufen, für die Slowaken fielen fünf Milliarden Dollar an, so daß die vier vorgenannten EU-Kandidaten bereits mit 60 Milliarden Rüstungs-Dollar vorbelastet in die EU-Aufnahmegespräche gehen müßten, selbstverständlich mit dem Wunsch nach Brüsseler Subventionen, die wiederum größtenteils Deutschland zu finanzieren hätte.

In Wahrheit ist es doch so, daß Polen bestenfalls einen Bruchteil seiner NATO-tauglichen Aufrüstung selbst finanzieren könnte, die es wiederum von der Sache her nicht einmal benötigt.

Der deutsche Bundeskanzler Helmut Kohl gibt sich große Mühe, Rußland in die EU hereinzuholen, Polen aber behindert Rußlands Annäherung an Europa, noch bevor es selbst der Europäischen Union angehört. Polen wie Russen haben erstmalig in ihrer Geschichte eine Demokratie, für die ein Angriffskrieg bekanntlich systemwidrig ist. Dieser liegt nun einmal nicht in der Natur einer Demokratie, er ist folglich so gut wie ausgeschlossen. Auch so gesehen ist die »tiefsitzende Angst der Polen vor den Russen« historisch überholt. Im Grunde genommen würde es sehr gut in die europäische Landschaft hineinpassen, wenn Polens Präsident statt zur NATO nach Moskau fahren würde, um dort einen Nichtangriffspakt, einen Freundschaftsvertrag, auf jeden Fall aber einen partnerschaftlichen Vertrag auszuhandeln, statt die eigene sowie die russische Rüstung anzukurbeln, den europäischen Abrüstungsprozeß zu bremsen und den Einigungsprozeß zu behindern.

Moskau wiederum könnte die NATO-Osterweiterung seinerseits höchst wirkungsvoll unterlaufen, ja überflüssig machen, indem es sich für die Europäische Sicherheitsorganisation engagiert und selbst beitritt, statt sich mit der NATO nur partnerschaftlich zu arrangieren.

Ausschlaggebend für die NATO-Osterweiterung sollte deshalb nicht sein, daß die Polen Angst haben, sondern ob NATO und EU die Osterweiterung sachlich für absolut notwendig halten.

Natürlich hat gerade der Tschetschenienkrieg bewiesen, daß die demokratischen Denk- und Verhaltensstrukturen der Russen noch unterentwickelt sind. Sie entsprechen derzeit gewiß noch mehr zaristischen oder kommunistischen Verhaltensmustern. Die Abgeordneten wurden zwar demokratisch gewählt, aber es existiert dennoch keine demokratische, sondern eine nationalistisch-kommunistische Mehrheit im Parlament. Eben deshalb stützt sich der Präsident auf die Armee, die schon zweimal Putschversuche von Kommunisten und Nationalisten verhinderte. Es handelt sich deshalb zweifellos um ein Präsidialregime oder um eine Halbdiktatur, und Alexander Lebed bezeichnete sich selbst ohne zu zögern als Halbdemokraten, zwar wider Willen, aber die Situation in Rußland sei nun einmal so, daß mit demokratischen Prinzipien gegen Mafia und Korruption, gegen Kommunisten und Befürworter des brutalen Tschetschenienkrieges nichts auszurichten sei. Denn wenn sogar Jelzin selbst, aber noch mehr Tschernomyrdin, Lebeds schwierige, aber dennoch erfolgreiche Waffenstillstandsverhandlungen in Grosny mehr behinderten, statt diese zu unterstützen, dann haben wir es in Rußland ganz gewiß mit höchst undemokratischen Machtkämpfen zu tun. Aber das bedeutet noch lange nicht, daß das immer so bleiben wird oder daß diese Machtkämpfe am Ende in eine totale Diktatur einmünden müssen.

Die Geschichte der Neuzeit lehrt uns immerhin, daß Diktaturen nur vorübergehend bestehen; auf Dauer gesehen münden sie alle so oder so in eine Demokratie ein, wie die Beispiele Spanien, Argentinien, Südkorea oder etwa Taiwan zeigen. Rußlands Halbdiktatur kann deshalb sogar ohne weiteres noch in eine totale Militärdiktatur kippen, aber am Ende würde auch diese zur Demokratie führen. Wenn dem jedoch so ist, daß es sich hierbei quasi um einen gesetzmäßig ablaufenden Prozeß hin zur Demokratie handelt, dann sind wir freilich immer auch dazu verpflichtet, gegenüber Rußland eine Politik zu betreiben, die die derzeitige Halbdemokratie dort in Richtung Demokratie verändert, so daß diese voll funktionstüchtig wird. Und genauso handelt schließlich Helmut Kohl; denn er will Rußland nach Europa hereinholen, um es letztlich zu Rußlands eigenem Vorteil demokratisch und europäisch einzubinden. Es besteht kein Zweifel daran, daß die Russen in überschaubarer Zeit voll demokratiefähig werden, und die Europäische Sicherheitsorganisation kann hier wie ein Katalysator wirken, der die bisher schwache Demokratie voll funktionstüchtig macht.

Die NATO-Osterweiterung aber begünstigt einwandfrei Nationalisten und Kommunisten, die bestenfalls eine vorübergehende Partnerschaft mit Europa befürworten. Ansonsten halten diese an der russischen Großmachtidee fest, obwohl die für das Glück der Russen weder notwendig noch realisierbar ist – jetzt jedenfalls nicht mehr. Dafür ist es für die Russen genauso zu spät wie für jede andere europäische Nation. Und selbstverständlich sind jene Russen, die das dennoch anstreben, ohne jede Erfolgsaussichten und zweifellos – nach unseren Maßstäben – ein bißchen verrückt.

Alles in allem ist es vor allem der russische Nationalismus, der Rußlands ESO- und EU-Mitgliedschaft entgegensteht. Er hindert Europa daran, den überwundenen Ost-West-Konflikt voll und ganz zu beenden, und er blockiert für alle Europäer die vollständige Realisierung der Friedensdividende. Denn die EU-Rüstungsquote könnte mit der ESO ohne weiteres bis auf ein Prozent reduziert werden, weil es für ganz Europa dann ja keine ins Gewicht fallende militärische Bedrohung mehr gibt.

Ein Blick auf die Rüstungsausgaben der »Großen dieser Welt« macht deutlich, daß diese seit dem Ende der achtziger Jahre beständig sinken. Das Verhältnis von Rüstungsaufwand und Wirtschaftsleistung wird zusehends günstiger, und die Rüstungsquoten werden immer kleiner. Allerdings ist dieser Prozeß noch längst nicht abgeschlossen; er ist noch voll in Gang, vollzieht sich außerdem sehr unterschiedlich. Beispielsweise ist er ausgerechnet bei den EU-Mitgliedern Großbritannien und Frankreich am schwächsten ausgeprägt. Das heißt, beide Länder haben seit dem Ende des Ost-West-Konflikts am wenigsten abgerüstet.

Rüstungsquoten in Prozent*							
	1985–89	1990	1992	1994	1995	1996	1997
USA	6,3	5,6	5,2	4,3	3,9	3,4	3,3
Großbritannien	4,6	4,1	3,8	3,4	3,2		
Frankreich	3,8	3,6	3,4	3,3	3,2		
Deutschland	3,0	2,8	2,2	1,8	1,4	1,3	1,2
Italien	2,3	2,1	2,0	2,1			
Japan	1,0	1,0	1,0	0,9	0,8	0,8	0,8
Rußland	18,0	15,0	10,0	5,1			

* NATO-Handbuch, 1995, Seite 385

Auf dem Höhepunkt des kalten Krieges bürdeten sich vor allem die Amerikaner eine gewaltige Rüstungslast auf. Das war in der zweiten Hälfte der achtziger Jahre, als der Militärhaushalt durchschnittlich 6,3 Prozent ausmachte mit Spitzenwerten von über sieben Prozent. Noch 1990 hatte das Pentagon 306 Milliarden Dollar für die Verteidigung zur Verfügung, also 5,6 Prozent des Bruttoinlandsprodukts. Alle anderen westlichen Industrienationen leisteten deutlich weniger. So wendete Japan zum Beispiel selbst auf dem Höhepunkt des Ost-West-Konflikts nie mehr als ein Prozent seines Wirtschaftspotentials zur Verteidigung auf.

Der amerikanische Verteidigungshaushalt beläuft sich 1997 auf eindrucksvolle 266 Milliarden Dollar, aber in Relation zur enormen Wirtschaftsleistung von rund 8100 Milliarden Dollar ergibt das nur noch eine Rüstungsquote von 3,3 Prozent. Damit hat sich die amerikanische Rüstungslast seit der zweiten Hälfte der achtziger Jahre immerhin halbiert. Wenn sich dieser Trend fortsetzt, ist nur wenig Phantasie erforderlich, um vorauszusagen, daß die US-Rüstungsquote in wenigen Jahren auf zwei Prozent absinkt. Das kann bereits im Jahr 2000 der Fall sein, wenn das Bruttoinlandsprodukt rund 10.000 Milliarden Dollar und der Verteidigungshaushalt ca. 200 Milliarden Dollar betragen wird.

Seit dem Ende des Ost-West-Konflikts realisieren die USA demnach eine Friedensdividende, die, aufs Jahr gesehen, ziemlich bemerkenswert zu Buche schlägt. Auf die Wirtschaftsleistung von 1997 bezogen, würde bei einer Rüstungsquote von 6,3 Prozent, wie Ende der achtziger Jahre, die Rüstungslast 510 Milliarden Dollar betragen. Die amerikanische Friedensdividende für 1997 beträgt demnach 244 Milliarden Dollar!

Mit dieser Summe könnten die reichen Amerikaner eines Tages endlich ein Gesundheits-, Renten- und Sozialsystem auf die Schiene bringen, das wir Deutschen, die Verlierer beider Weltkriege, nun schon seit Bismarcks Zeiten mit großem Erfolg finanzieren.

Für Deutschland ist die Friedensdividende gleichfalls relativ leicht zu berechnen. Wir erzielen 1997 eine Wirtschaftsleistung von rund 3800 Milliarden D-Mark. Bei Rüstungsausgaben von drei Prozent, wie zur Zeit des Kalten Krieges, hätte das 114 Milliarden Mark bedeutet. Der Bundeshaushalt weist jedoch 1997 zur Verteidigung nur 46 Milliarden Mark aus, also 114 minus 46 gleich 68 Milliarden Mark Friedensdividende.

Wenn wir weiterhin in Betracht ziehen, daß fast eine Million ausländischer Soldaten unser Land verlassen haben, daß Hunderte von Kasernen, viele Truppenübungsplätze und unzählige Wohnungen überflüssig und frei wurden, für die der Bund Liegenschaften für Hunderte von Milliarden Mark zurückerhielt, die er im Laufe der Zeit durch Verkauf auch flüssig machen wird, dann fällt die Friedensdividende noch erheblich höher aus. Auch unsere Rüstungsquote wird sich bis zum Jahr 2000 mit ziemlicher Sicherheit auf ein Prozent reduzieren, so daß die relativen und absoluten Rüstungseinsparungen noch größer ausfallen. Außer der PDS wird es wohl in Deutschland niemand geben, der diese großartige Friedensleistung verleugnen würde. Im Gegensatz zu Amerikanern und Deutschen gehen bei Briten und Franzosen die Rüstungsausgaben nur sehr zögerlich zurück. Die deutschen wurden bisher bereits mehr als halbiert und bewegen sich gegen ein Prozent, also etwa ein Drittel des früheren Niveaus, die britischen und französischen Quoten hingegen liegen noch bei über drei Prozent. Frankreich gab 1995 noch 70 Milliarden Mark für die Rüstung aus, das bevölkerungsreichere und wirtschaftlich erheblich stärkere Deutschland begnügte sich dagegen mit 48 Milliarden Mark.

Nun gut, solange sich Rußland noch mitten im atomaren Abrüstungsprozeß befindet, ist eine flankierende französische atomare Absicherung gerade noch halbwegs zu begründen. Allerdings entfielen auf die Force de frappe nur sechs, auf konventionelle Streitkräfte aber 64 Milliarden Mark, so daß Frankreich in jeder Hinsicht zuviel für die eigene Verteidigung ausgibt. Das bedeutet: Absolut gesehen gaben die Franzosen 22 Milliarden DM mehr aus als die Deutschen. Hätte sich Frankreich allerdings nur eine Rüstungsquote von 1,4 Prozent geleistet, wie Deutschland, dann wäre nur eine Rüstung von 31 Milliarden Mark zu finanzieren gewesen. Kurz, die französische Rüstung war 1995 sogar um 39 Milliarden Mark relativ überhöht. Das ist ziemlich genau die Summe, die Frankreich noch als Friedensdividende realisieren kann, beispielsweise um in den Euro einzusteigen – ohne den Abbau weiterer Sozialleistungen.

Die britische Situation sieht ähnlich aus. Großbritannien gab 1995 rund 50 Milliarden Mark für die Rüstung aus; mit einer Rüstungsquote von 1,4 Prozent, wie Deutschland, wären jedoch nur 22 Milliarden Mark notwendig gewesen, so daß Londons Rüstungsausgaben unter Premier Major um 28 Milliarden Mark zu hoch waren. Briten und Franzosen haben folglich noch beträchtliche Abrüstungsspielräume nach unten, um für ihre Völker die Friedensdividende zu erzielen.

Die NATO-Mitglieder der Europäischen Union gaben 1995 rund 160 Milliarden Dollar für die Rüstung aus. Iren, Finnen und Schweden hinzugerechnet sowie Österreicher und Schweizer, die alle nicht zur NATO gehören, finanzierte die Europäische Union eine Rüstung von ca. 170 Milliarden Dollar. In Relation zum Bruttoinlandsprodukt der EU war das eine Rüstungsquote von knapp zwei Prozent.

Verglichen mit einer Rüstungsquote von einem Prozent, die Japan, Österreich, Finnland, Schweden, die Schweiz und Irland bereits haben und die Deutschland in Kürze auch erreichen wird, rückt eine weitere Halbierung der westeuropäischen Rüstung durchaus in den Bereich des Möglichen und des Notwendigen. OECD-Westeuropa hatte 1995 ein Bruttoinlandsprodukt von 9073 Milliarden Dollar, ein Prozent davon wären 91 Milliarden Dollar. Da Rußland mittlerweile nur noch 40 Milliarden DM für die Rüstung aufwendet, ist die Sicherheit Europas mit einer Rüstungsquote von einem Prozent nicht einmal im Ansatz gefährdet, sondern eher noch zu hoch.

Statt folglich die NATO nach Osten hin zu erweitern, sollte die EU endlich die Europäische Sicherheitsorganisation ins Leben rufen und die Rüstungsquote aller ESO-Mitglieder auf ein Prozent begrenzen. Dazu bedarf es nicht nur einer unverbindlichen Empfehlung, das kann, wie die Maastricht-Kriterien, den ESO-Mitgliedern ohne Wenn und Aber verbindlich auferlegt werden. Es könnte sonst nämlich dazu kommen, daß Briten und Franzosen ihre überhöhte Rüstung weiterhin wie ein besonderes Privileg, quasi als Erinnerung an bessere Zeiten, behalten möchten – und zwar ohne die geringste sachliche Notwendigkeit.

Wenn folglich jetzt alle EU-Mitglieder ziemlich rigoros für den Euro diszipliniert werden, kann die ESO mit der Rüstungsquote gleichfalls so verfahren, zumal Kürzungen der Rüstungsausgaben sofort haushaltswirksam werden. So würde die Abrüstung noch zusätzlich die Stabilität des Euro begünstigen. Die Abrüstung käme dann dort zum Tragen, wo der Schwerpunkt des globalen Wettbewerbs liegt, nämlich im außermilitärischen Bereich.

Alle EU-Mitglieder haben größte Mühe, ihre Staatsfinanzen zu sanieren, die Reallöhne sinken europaweit, der Staatsverbrauch wird reduziert, das Soziale abgebaut, obwohl Konjunktur und Beschäftigung damit negativ belastet werden. Doch die NATO produziert zusätzliche Rüstungskosten und will sich nach Osten hin ausdehnen, statt endlich die ESO zu gründen, um Rüstungskosten zu sparen. Die meisten Osteuropäer sind, an EU-Maßstäben gemessen, ziemlich arm, und die Russen sind größtenteils sogar bettelarm, doch die NATO will nun ausgerechnet die ärmsten Regionen Europas modernisieren, sprich aufrüsten, nur weil dortige Altkommunisten dem übrigen Europa einreden, daß Polen immer noch Angst vor Rußland hat, obwohl das, am russischen Rüstungsaufwand gemessen, sachlich nicht zu vertreten ist. In Wahrheit handelt es sich um eine falsche, nicht den Tatsachen entsprechende politische Behauptung, mit der Polen seine eigenen Interessen falsch definiert und Europa erneut teilt, statt sich selbst friedlich zu integrieren.

Das eigentliche, existentielle Problem Europas, das ist weder die Bedrohung Westeuropas noch Polens durch Rußland, sondern Europa wird als ganzes ökonomisch herausgefordert durch Japan, China und USA. Die ostasiatischen Völker steigen wirtschaftlich derart rasant auf, daß sie später ihre ökonomische Dominanz auch dazu nutzen werden, Amerikanern und Europäern die politische Führung in der Welt zu entreißen, unter anderem in der UNO und mit niedrigen Rüstungslasten, denn die sind nur ein Hemmschuh auf dem Weg zur Macht. Doch die NATO will am Vorabend der europäischen Einigung, die für den globalen Wettbewerb am allerwichtigsten ist, sogar innerhalb Europas mehr Rüstung, statt Europa mit möglichst wenig Rüstung für den globalen Wettbewerb der Kontinente fit zu machen.

Wenn es richtig ist, daß der Ost-West-Konflikt durch den Nord-Süd-Konflikt abgelöst wird, dann benötigen NATO bzw. ESO künftig ein Rüstungspotential, das für Auseinandersetzungen wie mit dem Irak oder mit Jugoslawien ausreicht. Dafür ist eine Rüstungsquote von einem Prozent sehr komfortabel, also eigentlich um ein Mehrfaches zu hoch. Denn wenn Rußland ESO-Mitglied wird und sich auf die EU vorbereitet, steht Europa und Amerika ja lediglich das chinesische Atomwaffenpotential gegenüber. In diesem Zusammenhang drängt sich durchaus der Verdacht auf, daß sich die NATO nach Osten nur deshalb erweitern will, weil danach, im Falle des Gelingens, die russischen Kernwaffen auf der Gegenseite erhalten bleiben, was wiederum die eigenen Kernwaffen rechtfertigt. Denn von dem Moment an, da Rußland zur ESO und später zur EU gehört, reichen ja bereits minimale westliche Potentiale aus, um China glaubhaft atomar abzuschrecken. Chinas Kernwaffenpotential ist bestenfalls mit der Force de frappe vergleichbar. Die vier großen Atommächte – USA, Rußland, Frankreich und Großbritannien – benötigen folglich zusammengenommen nur noch Bruchteile des jetzigen Potentials – und China wird, wie von Japan bereits praktiziert, nie einen Rüstungswettlauf gegen den gesamten Westen in Gang setzen.

Die NATO-Länder, vor allem aber Franzosen oder Briten, behandeln Rußlands EU-Mitgliedschaft stets wie ein unerhört kompliziertes Rätsel, das eigentlich nicht zu lösen ist, oder wenn überhaupt, dann höchstens in ferner Zukunft. Dies kann auch der Grund dafür sein, daß Jacques Chirac Polen auffallend schnell in der EU und in der NATO haben will, da Rußland dann außen vor bleibt, Frankreich aber seine prestigeträchtige Force de frappe behalten kann.

Vorstellbar ist weiterhin, daß Rußland als EU-Mitglied ein atomares Potential unterhält, das, für sich genommen, ausreicht, um China abzuschrecken, zumal es von seinen souveränen asiatischen Republiken als Schutzmacht beansprucht wird. Um völlig sicherzugehen, könnte Moskau auch doppelt so viele Atomwaffen für sich beanspruchen, wie Peking unterhält.

Aber wie dem auch sei. In jedem Fall entfiele die Konfrontation zwischen den Europäern, so wie diese mit der NATO-Osterweiterung konzipiert wird. Gegenüber China hätten die Russen dann außerdem nicht nur den Rücken frei, sondern über ESO und EU wären sie dann sowieso ein Bestandteil des »Westens«!

In diesem Zusammenhang ist weiterhin zu bedenken, ob der asiatische Konflikt zwischen China und Rußland gewissermaßen zwangsläufig fortbestehen muß oder ob er nicht gleichfalls überflüssig wird. Denn wenn Rußland EU-Mitglied wird, nachdem es zuvor seine asiatischen Republiken in die Souveränität entlassen hat, kann ja wohl davon ausgegangen werden, daß China in diesen Prozeß miteinbezogen wird und seine vom zaristischen Rußland geraubten Grenzprovinzen im Fernen Osten zurückerhält – da ein Fortbestand der drei russischen Republiken in Asien neben China kaum realistisch erscheint.

Rußland wird sich am Ende dieses politischen Prozesses von der Küste des Stillen Ozeans zurückziehen, weil der Ferne Osten sowieso nicht zu halten ist.

Europas größte Verschwendung? Bürgerkriege, Subventionen, überflüssige Rüstung

Es wäre deshalb ein folgenschwerer Denkfehler, wenn der Westen dem kommunistischen China gegenüber stets nur in Kategorien des militärischen Patts denken und handeln würde. Damit würden wir die Chinesen total unterschätzen. Sie werden, wie Franco-Spanien oder Südkorea, nach einer Diktatur zu einem halbtotalitären System oder zur Halbdiktatur übergehen und danach zur Demokratie. Es bedarf folglich auch keiner großen westlichen Bemühungen, um ein atomares Patt gegenüber China zu bewahren; denn Peking wird kaum den Fehler der Russen wiederholen und sich als Entwicklungsland in einen Rüstungswettlauf mit dem gesamten Westen einlassen.

Wenn ein Atomkrieg sowohl mit einem Patt wie mit großem Ungleichgewicht unvermeidlich zum gemeinsamen Untergang führt, warum sollten die Chinesen diese politische Sackgasse überhaupt betreten oder, falls sie es schon getan haben, noch tiefer hineingehen?

Viel realistischer ist es deshalb, wenn wir uns auf ein China einrichten, das uns ähnlich wie Japan gegenübertritt, nämlich nicht militärisch, sondern ökonomisch; das uns am Weltmarkt herausfordert, aber genausowenig militärisch bedroht wie Japan. Rußland verliert deshalb den Fernen Osten und Sibirien, weil Chinesen und Japaner, aber auch Koreaner, wirtschaftlich weitaus dynamischer sind und alle nur denkbaren Standortvorteile mit ins Spiel bringen.

Wer das anders sieht, läuft Gefahr, daß uns China mit einer ungewöhnlich niedrigen Rüstungslast ökonomisch unterläuft, und zwar genauso wie Japan dies bereits praktiziert. Die NATO-Osterweiterung ist so gesehen das Gegenteil von politischer Innovation! Auch diese Prognose zur möglichen Entwicklung Chinas spricht nicht gegen, sondern für eine rasche russische EU-Mitgliedschaft.

Der Präsident des Europäischen Rechnungshofes, Bernhard Friedmann, fordert wegen des Subventionsmißbrauchs alle EU-Mitglieder zu schärferen Kontrollen der Finanzen auf. Allein 1995 rissen Betrugsfälle ein Loch von zwei Milliarden Mark in die Kassen der Europäischen Union.

1996 belief sich der gesamte EU-Haushalt auf 150 Milliarden DM, von denen 90 Prozent, also 135 Milliarden DM, als Subventionen ausgegeben wurden. Die betrügerische Mißbrauchsquote macht demnach 1,5 Prozent aller Subventionen aus, was im Grunde genommen ziemlich normal ist, denn wo gehobelt wird, fallen Späne.

Weit stärker ist der Subventionsmißbrauch über den Strukturfonds. Irland, Spanien, Griechenland und Portugal erhielten 1995 Subventionen in Höhe von 29 Milliarden DM, 1994 waren es 27 Milliarden; ähnliche Summen lassen sich auch für die Südeuropäer zehn Jahre lang zurückverfolgen. Doch der Aufholeffekt dieser Länder war viel zu gering, so daß allen vier Ländern zwar kein betrügerischer, wohl aber ein verschwenderischer und ineffektiver Einsatz beträchtlicher EU-Mittel vorzuhalten ist.

Griechenland fällt hierbei besonders negativ auf. Das Land erhielt 1994 aus Brüssel Subventionen von 9,2 Milliarden DM, und 1995 waren es 8,8 Milliarden. Für das kleine, arme Griechenland waren das Summen, die durchaus ins Gewicht fielen. Aber das klassische Ursprungsland Europas verringerte seinen Rückstand zum EU-Durchschnitt gerade mal von 43 auf 47 Prozent.

Wenn Griechenland dieses »Tempo« beibehält und in zehn Jahren nicht mehr als vier Punkte aufholt, dann erreicht es den EU-Durchschnitt in 130 Jahren. Griechenland hatte 1995 mit 9,3 Prozent die höchste Inflation in der EU und mit 9,2 Prozent das größte Haushaltsdefizit. Sein staatlicher Schuldenberg betrug 112 Prozent der Wirtschaftsleistung. Damit verfehlt das Land sämtliche Kriterien für die Währungsunion weiter als irgendein anderes EU-Mitglied. Aber das ist noch nicht einmal die ganze Wahrheit über Griechenland; denn das europäische Ferienparadies leistet sich darüber hinaus auch noch die höchste NATO-Rüstungsquote in Höhe von 5,6 Prozent. Hierbei handelt es sich nicht etwa um einen »Ausrutscher«, sondern um den Durchschnitt der letzten zehn Jahre, der damit sogar noch die durchschnittliche Quote der USA übertraf.

Deutschland war 1995 mit 30 Milliarden Mark der mit Abstand größte Nettozahler Europas, wie immer. Großbritannien zahlte 6,5, Frankreich 0,9 und Italien 1,3 Milliarden Mark. Genaugenommen finanziert Deutschland damit die gesamte EU-Süderweiterung für Spanien, Griechenland und Portugal, die 23,7 Milliarden Mark an Subventionen erhielten, davon allein Griechenland 8,8 Milliarden.

Deutschland gibt zur Verteidigung 1,2 Prozent seiner Wirtschaftsleistung aus, die Griechen aber leisten sich Rüstungsausgaben von über fünf Prozent. Verglichen mit Deutschland müßte Griechenland ohne weiteres mit zwei Milliarden Mark auskommen, aber es gibt acht Milliarden Mark für Verteidigung aus. Die deutsche EU-Hilfe wird von Athen folglich zum größten Teil für die Rüstung und zum geringsten Teil zur wirtschaftlichen Entwicklung genutzt.

Besonders bei den Griechen handelt es sich zweifellos um einen rücksichtslosen, ja geradezu unverschämten Mißbrauch europäischer Entwicklungshilfe, den Deutschland finanziert, der so jedoch nicht länger hingenommen werden kann. Deshalb gehört neben dem Agrarfonds auch der Fonds für Strukturpolitik auf die Tagesordnung der EU-Reform.

Die größte europäische Verschwendung aber nach dem Ende des Ost-West-Konflikts ist die völlig überzogene, überhöhte NATO-Rüstung in Europa. Alle Westeuropäer gaben 1995 noch 170 Milliarden Dollar für die Rüstung aus, was 1,9 Prozent ihrer Wirtschaftsleistung ausmachte. Einen derartigen Luxus leistet sich Japan mit 0,8 Prozent schon lange nicht mehr. Wenn sich folglich die EU am deutschen Vorbild von momentan etwa 1,2

Prozent orientiert, kann sie ihre Rüstung um 80 Milliarden Dollar pro Jahr reduzieren. Die wichtigste Voraussetzung dafür ist jedoch eine europäische Sicherheitsorganisation.

Unter der Voraussetzung, daß Rußland bereit ist, mit allen Europäern gemeinsam die Europäische Sicherheitsorganisation, ESO, zu gründen, hat die Europäische Union drei große Chancen zur Kostensenkung:

1. Betrug, Korruption, Mißbrauch überwinden   2 Mrd. DM
2. Subventionen durch Kredite ersetzen   50 Mrd. DM
3. Die EU-Rüstungsquote auf 1 Prozent senken 120 Mrd. DM
jährlich insgesamt   172 Mrd. DM

Dies macht deutlich, wo die Schwerpunkte liegen, aber Kostensenkung ist selbstverständlich nicht das Ziel europäischer Politik. Sie erinnern uns jedoch daran, daß jede Friedenspolitik mehr Erfolg bringt als jegliche militärische Konfrontation.

Die Subventionen kann die EU in eigener Regie abschaffen, und zwar schnell, problemlos und wirkungsvoll durch zinsgünstige Kredite, die zurückzuzahlen sind. Denn erstens wird niemand mehr in betrügerischer Absicht einen Kredit beantragen, den er sowieso zurückzahlen muß. Zweitens aber werden Kredite nur für rentable Projekte beantragt, die durch deren Gewinne auch problemlos zu tilgen sind. Bei kostenlosen, geschenkten Subventionen hingegen existiert weder Rentabilität noch Rückzahlung.

Die Frage, die sich aufdrängt: Warum hat Brüssel das untaugliche Instrument der Subventionen in der Vergangenheit überhaupt so lange und so erfolglos angewandt? Die Antwort: Weil Brüssel von Beginn an durch und durch sozialistisch geprägt war – und zwar wesentlich durch französische Sozialisten. Doch damit nicht genug. Brüsseler Subventionen mußten über Mitgliedsbeiträge finanziert werden, bevor sie ohne Effekt verschwendet wurden. Europäische Entwicklungsbanken werden nur beim Start mit Eigenkapital ausgestattet, danach refinanzieren sie sich selbst mit außerdem noch stets wachsenden Kreditsummen! Daraus entsteht konkret die Chance zur Senkung der

EU-Beiträge, was für Deutschland jährlich zehn Milliarden Mark ausmachen könnte, und wenn die Agrarsubventionen wieder dezentralisiert werden, könnten weitere 20 Milliarden DM hinzukommen. Das alles erleichtert spürbar den Einstieg in den Euro. Hinzu kommen noch einmal zehn Milliarden Mark, wenn Deutschland den Verteidigungshaushalt auf ein Prozent seiner Wirtschaftsleistung zurückfährt, was bereits 1998 der Fall sein wird.

II.
Rußlands Schicksal?
Perestroika, Katastroika, Armut, Elend, Chaos – Halbdiktatur.
Am Ende jedoch EU-Mitglied

Rußlands Wirtschaft – Absturz ins Bodenlose!

Ein Blick auf die sich rasant verändernden Wirtschaftspotentiale der Großmächte zeichnet Rußlands fortschreitende Schwäche derart eindrucksvoll nach, daß sich gleich mehrere Fragen wie von selbst aufdrängen: Super- oder Großmacht ist Rußland zweifellos nur noch aufgrund seines Kernwaffenpotentials, das allerdings dem Land mittlerweile weitaus mehr schadet als nutzt. Es behindert nämlich den marktwirtschaftlichen Aufbau – wie Blei an den Füßen eines Läufers. Rein ökonomisch betrachtet, ist Rußland nicht einmal mehr europäische Mittelmacht, denn das Bruttoinlandsprodukt ist derzeit so unglaublich minimal, daß selbst der Status einer Mittelmacht nur deshalb bewahrt werden kann, weil NATO wie EU doch ziemlich rücksichtsvoll mit der ehemaligen Supermacht umgehen. Im Industriezeitalter hängt der politische Einfluß eines Landes nun einmal fast ausschließlich von dessen Wirtschaftsleistung ab, so daß sich folgende Definition kaum vermeiden läßt: Rein militärisch gesehen, ist Rußland noch mächtig, was wohl auch noch längere Zeit so bleiben wird, trotz intensiver atomarer Abrüstung. Die USA jedoch sind militärisch wie ökonomisch die alleinige Supermacht der Welt, und Rußland ist eben, rein ökonomisch gesehen, nur noch ein Zwerg; denn das amerikanische Wirtschaftspotential ist 20mal höher!

Und so liest sich Moskaus machtpolitischer Abstieg, der noch längst nicht zu Ende ist:

1960 war die Sowjetunion, selbst rein wirtschaftlich betrachtet, noch zweite Weltwirtschaftsmacht, zwar hinter den USA,

Bruttosozialprodukt in Millionen Dollar*					
	1960	1970	1980	1990	1995
USA	509	990	2602	5391	7246
Westeuropa	191	480	2765	5900	9050
Japan	43	205	1040	2990	5110
Sowjetunion (Rußland)	223	435	1050	1639	364
China	40	122	283	400	663
Sowjetunion bzw. Rußland in Relation zu den anderen vier	28 %	24 %	16 %	11 %	2 %

* OECD-Statistiken

aber noch deutlich vor dem Europa der Sechs, woran wir uns heute kaum noch erinnern – von Japan sprach damals überhaupt niemand.

1970 zog die EG an der Sowjetunion vorbei, Japan jedoch hatte mit zweistelligen Wachstumsraten eine furiose Aufholjagd eingeleitet. Die USA waren unangefochten mit deutlichem Vorsprung die »Nummer eins« in der Welt.

1980 lagen EG und USA als wirtschaftliche Supermächte erstmals gleichauf. Japan hatte die Sowjetunion eingeholt.

1990 verdrängte die inzwischen aus zwölf Mitgliedern bestehende Europäische Gemeinschaft die USA von der führenden Position als Industriemacht. Japan etablierte sich auf Rang drei, es leistete doppelt so viel wie die untergehende Sowjetunion. Pro Einwohner betrachtet, war nun die japanische Produktivität viermal höher als die sowjetische!

1995 hatte Westeuropa seinen Vorsprung gegenüber dem Amerikanern vergrößert. Aus diesem Grund gründete Washington die NAFTA als Gegengewicht zum europäischen Binnenmarkt und integrierte Kanada und Mexiko.

Japan hatte über die Yen-Aufwertung seine Position extrem

stark ausgebaut, die es allerdings 1996 durch eine genauso spürbare Yen-Abwertung wieder verlorenging.

Rußlands Potential, vormals mit 61 Prozent am sowjetischen Bruttosozialprodukt beteiligt, schrumpfte seither jährlich real um 15 bis 25 Prozent, und 1996 war diese größte Rezession, die ein Volk jemals hinnehmen mußte, noch immer nicht beendet.

Dagegen verzeichnete China einen permanenten wirtschaftlichen Aufstieg, trotz des einschneidenden Wandels von der Plan- zu Marktwirtschaft. Bereits Ende der achtziger Jahre hatte Deng Xiaoping auf einem Parteitag seinen völlig überraschten Genossen zugerufen: »Chinesen, bereichert euch, so sehr ihr nur könnt!« Das war ein absolut systemwidriger, geradezu fanatischer Aufruf hin zum puren Kapitalismus und so ziemlich das Gegenteil von Kommunismus und Sozialismus.

Damit hatte er das Tor zur Marktwirtschaft weit aufgestoßen – mit Börse, Aktien, Zins und Privateigentum. Seither katapultiert sich China trotz kommunistischer Strukturen und mit den alten kommunistischen Kadern mit »japanischen« Wachstumsraten von jährlich real 13 Prozent in den kommenden 20 Jahren unter die führenden Weltwirtschaftsnationen!

Danach bekommen wir weder ein »amerikanisches« noch ein »japanisches« Jahrhundert, wie von mechanischen Köpfen früher fälschlicherweise mehrfach vorausgesagt. Das Gesetz der »großen Zahl« beschert uns unausweichlich ein chinesisches Jahrhundert. Denn ein Chinese ist nicht nur fleißiger, geschickter und bedürfnisloser als ein Japaner, sondern darüber hinaus auch noch kreativer und vom Typ her zusätzlich ein raffinierter Händler, der gut verkaufen kann. Darin sind sich alle Ostasienexperten einig!

Seien wir doch ehrlich: Das kommunistische China vollzieht den Übergang zur Marktwirtschaft weit effizienter als das vom Ansatz her ja bereits demokratische Rußland, dessen Altkommunisten von Gorbatschow bis Jelzin samt den Marschällen der »Roten Armee« den Übergang höchst unprofessionell bewältigen. Diese »Elite« hat ja noch nicht einmal begriffen, daß der Krieg nicht mehr der »Vater aller Dinge ist«, sondern daß über den Aufstieg der Völker in der Neuzeit fast ausschließlich die

Wirtschaft entscheidet. Denn Japan lehrte fast ungerüstet die Amerikaner schon einige Male das Fürchten, die hochgerüsteten Russen hingegen wurden für Europa längst zum »Sozialfall« und für die Weltbank zum unkalkulierbaren Risiko!

Die Wirtschaftsmisere beschleunigt den territorialen Zerfall

Die nachfolgende Rangliste der Nationen liest sich wie ein Wirtschaftskrimi, der Rußland hinter Niederländern weit abgeschlagen auf den 13. Platz in der Welt verweist.

Bruttoinlandsprodukt 1995 in Milliarden Dollar*

USA	7246		Belgien	269
Japan	5110		Taiwan	261
Deutschland	2411		Mexiko	250
Frankreich	1538		Österreich	233
Großbritannien	1104		Schweden	229
Italien	1087		Dänemark	173
Brasilien	676		Indonesien	170
China	663		Türkei	165
Kanada	568		Norwegen	146
spanien	559		Hongkong	144
Südkorea	417		Thailand	143
Niederlande	395		Finnland	126
Rußland	**364**		Griechenland	112
Australien	348		Portugal	91
Indien	335		Irland	61
Schweiz	304		Luxemburg	17
Argentinien	283			

* Statistisches Bundesamt, Berlin

Dies bedeutet immerhin, daß 16 Millionen Niederländer sogar noch ein bißchen mehr leisten als 147 Millionen Russen. Oder anders ausgedrückt: Ein Niederländer ist zehnmal so produktiv wie ein Russe!

Und die statistische Nähe zu Australien oder Indien ist auch nicht gerade ein Beweis dafür, daß Rußland noch eine Großmachtpolitik finanzieren kann.

Denn in der wirtschaftspolitischen Realität betteln ja die Russen seit langem die wirklich großen Nationen fast schon penetrant immer wieder um finanzielle Hilfe an, wie ein Entwicklungsland! Doch damit nicht genug. Auf der Weltrangliste der größten Exporteure rangierte Rußland mit 82 Milliarden Dollar auf dem 16. Rang. Damit lag es mit solch kleinen Ländern wie der Schweiz oder Schweden ungefähr auf einer Ebene. Das heißt, die Schweizer exportieren je Einwohner 20- und die Schweden 17mal mehr als die Russen, obwohl beide Länder keine sibirischen Reichtümer besitzen.

Selbst Kanada, das mit Rußland geographisch wie klimatisch sowie anhand seiner Rohstoffressourcen gut zu vergleichen ist, exportierte mehr als doppelt soviel, und je Einwohner schafften die Kanadier das zwölffache der spärlichen russischen Exporte!

Der globale russische Exportanteil schrumpft unaufhaltsam. Vor 25 Jahren war die Sowjetunion noch mit vier Prozent am Welthandel beteiligt, was für eine Supermacht sowieso schon eher gering war, vor fünf Jahren waren es lediglich noch zwei Prozent, und heute ist es nur noch ein unbedeutendes Prozent.

Die größten Exporteure der Welt 1995
Aufuhr in Milliarden Dollar

USA	584	China	149
Deutschland	507	Südkorea	125
Japan	443	Singapur	119
Frankreich	285	Taiwan	111
Großbritannien	240	Spanien	92
Italien	233	**Rußland**	**82**
Niederlande	198	Schweiz	81
Kanada	192	Schweden	80
Hongkong	174	Mexiko	80
Belgien/Luxemburg	166	Malaysia	74

Quelle: Welthandelsorganisation 1996

Und hinzu kommt schließlich ein weiteres schwerwiegendes Manko: Rußland exportiert vorwiegend Erdöl und Erdgas, Kohle und Holz, Aluminium und Stahlveredler, Gold, Diamanten sowie andere Rohstoffe, was ziemlich genau der Exportstruktur von Entwicklungsländern entspricht. Alle übrigen Osteuropäer sind übrigens gleichfalls sehr exportschwach, so daß sie im Welthandel unter »ferner liefen« rangieren. Fast alle asiatischen Aufsteiger aber sind weitaus exportstärker und haben außerdem beträchtliche oder gar beeindruckende Außenhandelsüberschüsse, mit denen sie ihren wirtschaftlichen Aufbau finanzieren, während die osteuropäischen Außenhandelsbilanzen meist negativ sind.

Sind Chinesen fleißiger und klüger als Russen?

Das derzeit noch rückständige China hat jedenfalls weit bessere Chancen, weil es den Übergang zur Marktwirtschaft viel intelligenter bewältigt als vergleichsweise Rußland. Was jetzt bereits abzusehen ist: Mit der Wiedereingliederung der britischen Kronkolonie Hongkong steigt China gleich hinter Japan zur viertgrößten Exportnation auf und überholt damit die meisten ehemaligen Kolonial- und vormals großen Handelsnationen. Denn einschließlich Hongkongs war China bereits 1995 erheblich exportstärker als Frankreich oder Großbritannien.

Man kann davon ausgehen, daß Peking die vormalige britische Kolonie auf Dauer nicht nur äußerst rücksichtsvoll und entgegenkommend eingliedert – weil Hongkong für China nun einmal als »Exportjuwel« das »Tor zur Welt« ist –, sondern letztlich zielt Peking darauf ab, daß in den Küstenregionen weitere »neue Hongkongs« entstehen und daß sich einige Jahre danach auch Taiwan aus freien Stücken wieder auf das Festland besinnt, so daß das vereinte China die größte Handelsnation wird – vor den USA und Deutschland. Zusammengenommen exportierten »die drei Chinas« bereits 1995 fast soviel wie das japanische Vorbild, und 1996 überholten sie Japan beim Export. Hongkong und Taiwan wirken auf den industriellen Aufbau

Chinas wie Katalysatoren, und dessen ist sich Peking voll und ganz bewußt. Mit der friedlichen Rückgewinnung Hongkongs hat sich damit das kommunistische China, verglichen mit Argentinien, das mit der gewaltsamen Rückgliederung der Falkland-Inseln bekanntlich kläglich scheiterte, weit erfolgreicher in Szene gesetzt. Der Exportzuwachs der »drei Chinas« 1990 bis 1995 betrug 106 Prozent! Japan legte 55 Prozent zu, die USA 48, Deutschland 24 Prozent. Rußlands Ausfuhr aber schrumpfte dagegen um fünf Prozent, obwohl jetzt die vormals binnenwirtschaftlichen Lieferungen an die GUS-Nachbarn als Exporte abgerechnet wurden.

Mit anderen Worten: Das kommunistische China integriert mit weitgehenden politischen Konzessionen seine ehemaligen Todfeinde Hongkong und Taiwan zum beiderseitigen Vorteil, während das bereits im Ansatz demokratische Rußland seine nichtrussischen Brudervölker und Nachbarn bedroht und zerstört, und zwar zum beiderseitigen Nachteil, statt mit diesen Völkern zusammenzuarbeiten und ihnen schrittweise ihre Unabhängigkeit zu geben – zum gegenseitigen wirtschaftlichen Vorteil.

Auch ein anderer Aspekt ist noch von Bedeutung. Mit drei Millionen Einwohnern, größtenteils Chinesen, ist Singapur das mit Abstand exportintensivste Land der Welt. Dies belegt die nebenstehende Übersicht.

Zugegeben, Singapur und Hongkong sind untypische Exoten, weil sie ihre Exporte nicht erarbeiten. Sie bringen lediglich die enormen Lieferungen aus dem malaysischen und chinesischen Hinterland auf den Weltmarkt, das heißt, sie vermarkten und verkaufen. Dennoch sind ihre Leistungen alles andere als geringwertig, sondern im Gegenteil sogar

Export je Einwohner 1995*
in Dollar

Singapur	42 000
Hongkong	29 000
Belgien/Luxemburg	16 000
Niederlande	13 000
Schweiz	11 000
Westdeutschland	8 000
Taiwan	5 300
Japan	3 500
USA	2 200
Rußland	550
China	124

* OECD-Außenhandels-Statistik

äußerst eindrucksvoll. Beide belegen damit allerdings, daß man für den wirtschaftlichen Erfolg vor allem einen extrem günstigen Standort benötigt.

Unsere nächsten Nachbarn wiederum, Holländer, Belgier und Schweizer, verdanken ihre aus der Reihe fallende Exportstärke überwiegend der unmittelbaren Nähe zum attraktiven Standort Deutschland, die sie dank einer ähnlichen Mentalität voll nutzen, während Finnen, Portugiesen oder Griechen, was die Nähe zu Deutschland betrifft, nicht so begünstigt sind. Ein Vergleich der großen Nationen untereinander sagt da wohl mehr aus: Westdeutschland ist immerhin noch mehr als doppelt so exportintensiv wie Japan, was bei dem schon seit Jahren mehrfach angekündigten Untergang der deutschen Exportwirtschaft ziemlich beruhigt. Und die USA, die je Einwohner gerade mal 29 Prozent der deutschen Leistung erreichen, wirken alles andere als bedrohlich. Aus der Reihe fallen hingegen erneut die Russen, die trotz all ihrer so häufig ins Feld geführten sibirischen Reichtümer weit abgeschlagen sind. Noch stehen sie vor China, doch dieses wird nach seiner Vereinigung mit Hongkong wohl in Kürze, was den Export pro Kopf angeht, die Russen ein- und danach überholen.

All dies kündigt uns Europäern vor allem eins an: China wird im 21. Jahrhundert zur Supermacht aufsteigen – dank seines Bevölkerungsreichtums, des Fleißes, der Intelligenz und der Disziplin, die überdurchschnittlich sind. Die Russen hingegen bringen allein höchstwahrscheinlich nicht einmal normale demokratische und marktwirtschaftliche Verhältnisse zustande, weil intensive Arbeit samt hochrentablen Kapitalanlagen nicht gerade ihre stärkste Seite sind, und genausowenig wohl auch Fleiß und Disziplin, um die sie uns Deutsche ja bekanntlich beneiden. Es wäre jedoch völlig falsch, sie als faul abzuqualifizieren, denn in Wahrheit wurden sie nur vom Kommunismus über 75 Jahre total demotiviert, was das Arbeiten betrifft!

Die derzeitigen chaotischen, nicht ganz neuen Zustände in der Wirtschaft, in der Armee, im Gesundheitswesen und beim Umweltschutz, um nur die wichtigsten Bereiche zu nennen, würden in Deutschland ohne zögern als Anarchie bezeichnet werden.

Auf die Frage also, warum Peking den Wandel von der Plan- zur Marktwirtschaft alles in allem ziemlich erfolgreich und weitgehend störungsfrei bewältigt, während Moskau seit dem Ende der Sowjetunion von einer Krise in die nächste taumelt, mag man antworten: Dies kann nicht an den kommunistischen Kadern liegen, da die chinesischen Kommunisten immer noch an der Macht sind, während die russischen wenigstens teilweise ihrer alten Ideologie abgeschworen haben und, wie Jelzin, sich ernsthaft bemühen, Demokratie und Marktwirtschaft zu lernen und umzusetzen.

Am Ende läuft das Ganze doch darauf hinaus, daß die primitive, unterentwickelte und rückständige chinesische Volkswirtschaft leichter umzuprogrammieren ist, weil sie noch nicht so kompliziert und so hochentwickelt war wie die russische; was zum Teil auch an Maos Kulturrevolution lag, die bekanntlich eine Katastrophe für das Reich der Mitte war.

Dagegen ist die ehemals relativ hochentwickelte sowjetische Planwirtschaft deshalb so schwer umzuprogrammieren, weil sie erstens sehr militarisiert war, wie sonst keine andere Volkswirtschaft auf der ganzen Welt. Das erschwert den Übergang von der Plan- zur Marktwirtschaft zusätzlich, da zur Privatisierung noch die Konversion, also der Übergang von der Rüstungs- zur Zivilwirtschaft, hinzukommt. Zweitens wird dieser ohnehin komplizierte Prozeß durch Ereignisse belastet, von denen alle übrigen osteuropäischen Reformstaaten sowie auch China verschont blieben – durch das Ausscheiden nichtrussischer Republiken aus dem ehemaligen einheitlichen Staats- und Wirtschaftsverband, dem sich zum Schluß ja auch noch die Ukraine und Weißrußland anschlossen. Rußland war folglich, als es entstand, ein Torso, dem 61 Prozent des sowjetischen Wirtschaftspotentials blieben. Die Folge war, daß quasi über Nacht viele Werksteile, Lieferanten oder Kunden im Ausland lagen. Ein Prozeß, der noch lange nicht abgeschlossen ist, wie der Tschetschenienkonflikt beweist. Ganz im Gegenteil: Nun streben auch noch nichtrussische, autonome Republiken aus der Russischen Föderation hinaus. Außer Tschetschenen gibt es da noch viele andere, etwa weitere 28 Millionen Nichtrussen, die nur darauf warten, daß der tschetschenische Freiheitskampf erfolgreich endet, um gleichfalls die russische Föderation zu verlassen.

Am Ende blieben dann »nur noch« 120 Millionen Russen übrig, und wenn gar noch der Ferne Osten und Sibirien ausscheiden sollten, was keineswegs völlig utopisch ist, dann hätten wir mit 100 Millionen Russen bis zum Ural eine für die EU-Mitgliedschaft durchaus überschaubare Bevölkerungszahl.

Mittlerweile liefert Moskau über die ökonomische Katastrophe des Landes aufschlußreiche Einzelheiten, die allesamt eines gemeinsam haben – sie melden ausnahmslos drastische Produktionseinbrüche.[1]

Produktion	Maßeinheit	1990	1995
Elektroenergie	Mrd. KWh	1 082	862
Erdöl	Mio. Tonnen	516	307
Erdgas	Mrd. m^3	641	595
Kohle	Mio. Tonnen	395	262
Rohstahl	Mio. Tonnen	90	51

Daß in einer tiefgreifenden Rezession weniger Strom verbraucht wird, so daß auch der Kohlebedarf sinkt, das leuchtet genauso ein wie eine rückläufige Stahlerzeugung, die unter anderem mit der geringeren Rüstungsproduktion zusammenhängt. Weniger verständlich sind allerdings die einschneidenden Einbrüche bei Lebensmitteln und Konsumgütern.

Nahrungsmittel	Maßeinheit	1990	1995
Fleisch	Mio. Tonnen	6,6	2,5
Wurst	Mio. Tonnen	2,3	1,3
Fisch	Mio. Tonnen	7,9	3,7
Nudeln	Mio. Tonnen	1,0	0,6
Butter	Mio. Tonnen	0,8	0,4
Käse	Mio. Tonnen	0,5	0,2

---

[1] Deutsches Institut für Wirtschaftsforschung, Berlin, Wochenbericht 34/1996, Seiten 568 u. 573

Die Nahrungsmittelproduktion in Rußland wurde seit dem Ende der Sowjetunion praktisch halbiert; eine Folge davon war, daß die Altkommunisten um Sjuganow noch 30 Prozent der Wählerstimmen erhielten, Gorbatschow jedoch nur ein Prozent. Denn der hatte ja das Ende der Sowjetunion mit dem nachfolgenden Mangel an Lebensmitteln eingeleitet. Die nachstehende Übersicht zur Leichtindustrie beweist weiterhin, daß die Produktion von Konsumgütern auf ein Viertel, ein Fünftel oder gar auf ein Zehntel zurückging.

Leichtindustrie	Maßeinheit	1990	1995
Stoffe	Mio. m²	8449	1757
Strickwaren	Mio. Stück	770	105
Strümpfe	Mio. Paar	872	285
Mäntel	Mio. Stück	23,9	2,7
Hosen	Mio. Stück	46,8	7,9
Kleider	Mio. Stück	120	10
Schuhe	Mio. Paar	385	53

Wenn wir bedenken, wie sehr uns die letzte Rezession von 1993 getroffen hatte, als die deutsche Wirtschaftsleistung nur minimal um 1,7 Prozent schrumpfte, dann ist leicht nachzuempfinden, was die russische Rezession von 70 Prozent, die sich nun schon über fünf Jahre hinzieht, bedeutet: nämlich Armut, Not, Hunger, Krankheit, Elend und Tod. In Rußland und in der Ukraine verhungerten zwischen 1989 und 1993 760 000 Menschen oder kamen durch Krankheiten um, so die UNICEF. In beiden Ländern ist die Todesrate so hoch, wie sonst nur in Kriegszeiten, besonders bei Männern von 35 bis 55 Jahren. Bei Mord und Selbstmord liegt die Rate doppelt so hoch wie in den USA, deren extrem hohe Mordrate seit langem weltweit bekannt ist. Gleichzeitig gingen die Geburten rapide zurück, und die Sterberate schnellte hoch. Sie überstieg die Geburten um das 1,7fache, das heißt um 800 000. Bereits in sowjetischer Zeit war die Lebenserwartung der Männer auf 62 Jahre abgesunken, weil schwere körperliche Arbeit, Umweltverschmutzung, chronische Unterversorgung mit Lebensmitteln, Vitaminmangel und miserable medizinische Versorgung die Männer krank machten und den Rest Alkohol und Nikotin besorgten. Seit dem Ende der UdSSR sank die Lebenserwartung von 59 auf nur noch 57 Jahre weiter ab, während sie in Deutschland auf 74 Jahre stieg. Ein deutscher Mann wird demnach 17 Jahre älter, und ein russischer Junge hat nur geringe Chancen, überhaupt das Rentenalter zu erreichen.

Hinzu kommen immer mehr Mißbildungen, da durch die verheerenden ökologischen Schäden sowie durch radioaktive Verseuchung das Erbgut eines Teils der Menschen zerstört wurde. »Jedes zehnte Neugeborene kommt mit einem körperlichen Defekt zur Welt«, und »jedes zweite Kind davon ist auf eine geschädigte Erbmasse zurückzuführen.« »Schon fünf Prozent der russischen Bevölkerung weisen Schädigungen des Erbgutes auf.«[1] Das bedeutet nicht mehr, aber auch nicht weniger, als daß der Kommunismus die biologische Substanz des russischen Volkes angegriffen hat, und das demokratische Rußland trägt heute die Folgen. Würden folglich nicht jedes Jahr mehr als eine Million Russen aus den Nachbarrepubliken in die russische Föderation übersiedeln oder flüchten, würde sich die russische Bevölkerung, rein biologisch, jährlich um fast eine Million verringern.

Alles in allem: Das demokratische Rußland kann infolge seiner substanziellen ökonomischen Schwäche, die ja letztlich hauptverantwortlich für die schrecklichen Verhältnisse ist, das frühere Imperium kaum wiedererrichten und höchstwahrscheinlich nicht einmal mehr die autonomen, asiatischen Republiken in der Föderation halten. Denkbar ist bestenfalls eine Konföderation mit Weißrußland. Der politische und ökonomische Spielraum Moskaus ist jedenfalls bereits so minimal, daß alle jene, die immer noch von einer Großmacht reden oder Angst verbreiten, sich fragen lassen müssen, ob sie überhaupt noch wissen, wovon sie reden. Dies gilt besonders für die Angst vor russischen Atomwaffen. Das wäre so, als würde Moskau jetzt

---

[1] Andrej Jablokow: Bericht über die Gesundheit der Bevölkerung und die chemische Verschmutzung der Umwelt in Rußland an Präsident Jelzin.

gerade das ins Auge fassen, wozu es nicht einmal vor Jahren während des Kommunismus bereit war – nämlich gemeinsam mit der NATO atomar unterzugehen.

Osteuropas Achillesfersen?
Armut und viele umstrittene Grenzen

Wir wissen heute, daß die DDR nach dem Ende des Kommunismus selbst als demokratischer, souveräner Staat samt westlicher sozialer Marktwirtschaft nie mehr in der Lage gewesen wäre, das völlig zerfallene, verrottete und verwahrloste Land aus eigener Kraft wieder aufzubauen. Das Ausmaß des angerichteten Schadens war so gewaltig, daß selbst die früher sprichwörtlich fleißigen und hochqualifizierten Sachsen und Thüringer aus eigener Kraft nie mehr auf die Beine gekommen wären oder den Rückstand gegenüber der Bundesrepublik hätten aufholen können. Darüber sind sich heute die meisten westlichen Experten durch ihre Erfahrungen vor Ort weitgehend einig. Der mitteldeutsche Wiederaufbau gelingt folglich nur dank der Wiedervereinigung Deutschlands. Diese allein setzt die enorme westdeutsche Hilfe frei.

Für einen mitteldeutschen Separatstaat wäre diese Hilfe nicht einmal annähernd so großzügig geflossen, und wir können ziemlich genau beurteilen, wie es heute in Mitteldeutschland aussehen würde, wenn die neuen Bundesländer jährlich nicht 200 Milliarden Mark westdeutscher Hilfe erhalten hätten, sondern wie alle Osteuropäer pro Jahr nur eine oder zwei Milliarden Mark Kredit von der Weltbank oder als Direktinvestitionen von Unternehmen oder der Europäischen Union: Wir könnten doch dann selbst heute noch nicht einmal problemlos nach Dresden telefonieren!

Mit anderen Worten: Der mühevolle, unendlich teure und letztendlich eben doch insgesamt 20 Jahre dauernde Wiederaufbau Mitteldeutschlands steht wie ein Warnzeichen allerhöchsten Grades, wie ein Menetekel, über ganz Osteuropa!

Die nachstehend aufgelisteten gewaltigen rezessiven Einbrüche erhellen schlaglichtartig das ganze Ausmaß der osteuropäischen Misere, die ganz offensichtlich nach substantieller westeuropäischer Hilfe verlangt.

Veränderungen der Bruttoinlandsprodukte (real in Prozent)*

	1990	1991	1992	1993	1994	1995	1996
Neue Bundesländer	– 30	– 16	+ 8	+ 9	+ 10	+ 5	+ 2
Bulgarien	– 9	– 12	– 7	– 4	+ 1	+ 3	
Polen	– 12	– 9	+ 3	+ 4	+ 5	+ 7	+ 5
Rumänien	– 6	– 15	– 15	+ 1	+ 4	+ 7	
Slowakei	– 1	– 16	– 7	+ 4	+ 5	+ 7	
Tschechien	– 1	– 16	– 7	0	+ 3	+ 5	
Ungarn	– 3	– 10	– 5	– 1	+ 3	+ 2	
Rußland	– 4	– 17	– 19	– 12	– 13	– 4	– 3
Ukraine	– 2	– 13	– 19	– 14	– 25	– 15	
Weißrußland	– 2	– 1	– 10	– 11	– 13	– 10	± 0

* Deutsches Institut für Wirtschaftsforschung Berlin, Wochenberichte 1993 bis 1996

Zweifellos wird allen osteuropäischen Volkswirtschaften mit zeitlicher Verzögerung die Halbierung ihrer kommunistischen Sozialprodukte oder gar deren Drittelung gelingen. Schließlich sind dazu nur sämtliche auf Dauer unrentablen Betriebe zu sanieren, zu privatisieren, zu verkaufen oder stillzulegen. Aber was kommt dann? Gelingt dann ein Aufschwung, wie in unseren neuen Bundesländern, mit Aufholeffekten gegenüber Westeuropa, um im Jahr 2000 EU-fähig zu werden, so wie das Brüssel kürzlich für Ungarn, Slowaken, Tschechen und Polen in Aussicht stellte? Oder aber werden Armut und Elend unvermeidlich zum Langzeitproblem, weil zwar alle osteuropäischen Staaten zwangsläufig die Talsohle erreichen, aber danach keinen vehementen Aufschwung schaffen? Dieser kommt zwar nach jahrelanger Talfahrt; dann allerdings so mäßig und schwach wie derzeit in Polen oder Tschechien, so daß die Lücke gegenüber Westeuropa dennoch nicht kleiner wird, weil westliche Dynamik oder deutsche Effizienz letztlich aus eigener Kraft nicht erreichbar sind. Wie die Grafik deutlich zeigt, ging bereits die Ex-DDR mit der Treuhand und fast überfallartig eingeführter Mark nicht nur sehr früh zeitlich voran, sondern auch ziemlich rigoros zur Sache; denn einen derart rezessiven Einbruch wie 1990 mit 30 Prozent gab es bisher nirgends! Wir werden also in Zukunft vergebens auch andernorts auf derart hohe Wachstumsraten warten wie in den neuen Bundesländern.

Oder anders ausgedrückt: die Wirtschaftspotentiale aller Osteuropäer wurden im Verlauf der Systemveränderungen von der Plan- zur Marktwirtschaft derart nachhaltig minimalisiert, daß reale Wachstumsraten von jährlich vier bis fünf Prozent keinen Aufholeffekt bringen!

Allein das bayerische BIP belief sich 1995 auf 406 Milliarden Dollar, was die gewaltige potentielle Lücke deutlich macht und je Einwohner ist der osteuropäische Rückstand eine kleine Katastrophe – ökonomisch, historisch, politisch und eben auch rein menschlich.

Bruttoinlandsprodukt 1995 in Milliarden Dollar*	
Bulgarien	12
Slowakei	16
Rumänien	36
Ungarn	45
Tschechien	46
Polen	116
Neue Bundesländer	266
* Alle Daten aus »The World Bank Atlas 1996«	

Die neuen Bundesländer, die als DDR gemeinsam mit den Tschechen im vormaligen Ostblock eine Spitzenstellung hatten, was Produktivität und Lebensstandard betraf, liegen, mit und ohne westdeutschen Transfer, längst uneinholbar vor den Tschechen – und vergleicht man sie mit Polen, so ist die Differenz noch wesentlich gravierender. Es ist eben doch beim besten Willen nicht zu übersehen oder gar zu leugnen: Der rasante mitteldeutsche Aufschwung basiert auf einem riesigen Sozial- und Kapitaltransfer, der so einmalig wie gewaltig ist. Vor diesem mitteldeutschen Hintergrund nehmen sich alle westlichen Leistungen für die kleinen osteuropäischen Staaten als das aus, was sie in Wahrheit auch sind – nämlich als die sprichwörtlich bekannten »Tropfen auf den heißen Stein«!

Ausländische Direktinvestitionen bis 1995 in Milliarden Dollar			
Ungarn	10,0	Slowenien	1,4
Polen	3,9	Slowakei	0,6
Tschechien	3,4	Ukraine	0,6
Rußland	3,3	Estland	0,5
Rumänien	1,4	Bulgarien	0,5

In die neuen Bundesländer wurden vergleichsweise 1000 Milliarden DM transferiert, also etwa 700 Milliarden Dollar, Hunderte davon als Investitionen.

Es verlangt in diesem Fall gewiß kein überragendes wirtschaftliches Urteilsvermögen, um zu begreifen, daß selbst jene Reformstaaten, denen vor Jahren noch am ehesten zugetraut wurde, aus überwiegend eigener Kraft wirtschaftlich auf die Beine zu kommen, dennoch keine Chance haben. Am Beispiel Polen ist das gut nachzuempfinden:

Im letzten Jahr des Kommunismus (1990) hatte Westdeutschland bekanntlich einen doppelt so hohen Lebensstandard wie die DDR, was die Mauer unabdingbar machte, sonst wäre Ostberlin schon lange nicht mehr abzusichern gewesen. Gegenüber Polen war unser Lebensstandard allerdings schon früher um ein Mehrfaches höher, und momentan haben polnische Löhne eine Kaufkraft von 200 Mark (die meisten Renten liegen unter 100 DM), so daß die Ländergrenzen längst zu »Wohlstandsgrenzen« geworden sind, die die Völker jetzt ökonomisch genauso hermetisch voneinander trennen wie vormals die kommunistischen Stacheldrähte. Der einzige Unterschied? Jetzt wird an der Grenze nicht mehr geschossen, sondern geschmuggelt.

Doch damit ist beispielsweise Polens wirtschaftliches Desaster noch keineswegs umfassend beschrieben. Das Land befand sich nämlich schon seit 1978, also vom Aufstand der Danziger Werftarbeiter an, im Abwärtstrend. Als seit 1989 Demokratie und Marktwirtschaft eingeführt wurden, lag die Wirtschaftsleistung noch deutlich unter dem Niveau von 1978, und momentan, nach Jahren marktwirtschaftlicher Reformen, ist der Lebensstandard immer noch extrem niedrig. Zum Devisenkurs ist das Verhältnis gegenüber Westdeutschland 10:1, und an der Kaufkraft gemessen immer noch 7:1. Die polnische Wirtschaftsmisere existiert folglich schon seit 20 Jahren und wurde längst chronisch, so daß die meisten Polen erhebliche Mühe haben, noch an die Zukunft zu glauben. Als Warschau einmal seine Staatsbürger befragte, wollten 90 Prozent auswandern, wenn das möglich gewesen wäre, und der Stadtrat von Stettin präsentierte allen Ernstes öffentlich die »Potsdamer Beschlüsse« – als die mitteldeutschen Länder der Bundesrepublik beitraten –, nur um zu prüfen, ob das westlich der Oder gelegene Stettin nicht ebenso eine Beitrittschance haben könnte; denn die Polen wissen ganz genau, daß Stettin fälschlicherweise »von Deutschland abgetrennt« wurde, da es ursprünglich nicht zur polnischen »Verwaltungszone« gehörte.

Eine Studie von »Conference Board«, einem Forschungs- und Beratungsgremium der US-Industrie, besagt, daß alle östlichen Länder Mitteleuropas zehn Jahre lang jährlich 70 Milliarden Dollar investieren müßten, um eine dem Westen vergleichbare Kapitalausstattung zu erreichen. Doch angesichts politischer Instabilität und riesiger Umweltbelastungen erhielten diese Länder nur Bruchteile davon, die weder für eine halbwegs moderne Infrastruktur ausreichen würden, noch könnten damit die Umweltschäden beseitigt werden, die beispielsweise in Polen bekanntermaßen noch katastrophaler sind, als sie es in der DDR waren. Denn verglichen mit der »Kattowitzer Giftküche« hatte selbst Bitterfeld die Qualität eines Luftkurortes; verglichen mit der biologisch völlig toten Weichsel war die noch stark belastete Elbe fast sauber, und in einigen Jahren erreicht sie ohnehin die derzeitige Wasserqualität des Rheins. Unsere mecklenburgischen Ostseestrände aber sind geradezu paradiesisch, verglichen mit den Stränden Pommerns, deren Bäder vor Jahren zwischendurch allesamt geschlossen werden mußten.

Wenn darüber hinaus in Betracht gezogen wird, daß Russen wie Ukrainer, was die Produktivität und den Lebensstandard betrifft, noch weiter zurückliegen als Polen, Tschechen, Slowaken oder Ungarn, dann wird erst das ganze Ausmaß des osteuropäischen Dilemmas ersichtlich. Für die Osterweiterung der Europäischen Union ist es deshalb nicht nur legitim, den Wiederaufbau in den neuen Bundesländern in Augenschein zu nehmen, sondern sogar zwingend notwendig, damit Brüssel überhaupt wenigstens einigermaßen abschätzen kann, was in bezug auf Osteuropa an Aufgaben und Leistungen auf die EU-Mitglieder zukommen würde. Denn was den Westdeutschen 1990 passierte, als sie quasi über Nacht völlig unvorbereitet mit der Wiedervereinigung konfrontiert wurden, das wenigstens kann sich Brüssel ersparen, wenn es die westdeutschen Erfahrungen berücksichtigt oder gar vor Ort studiert.

Es wird sich dann herausstellen, daß nicht nur viel Geld erforderlich wäre, sondern auch eine beträchtliche personelle Hilfe, die weit über eine beratende Tätigkeit hinausginge. Und wenn die Europäische Union nicht bereits vor der Osterweiterung zahlreiche Grenzen friedlich und im gegenseitigen Einverständnis mit allen Osteuropäern verändert, dann helfen weder Geld noch Personal, um jugoslawische Zustände zu verhindern. Das betrifft aber auch solche Einsichten, die den Westdeutschen erst fünf oder sechs Jahre nach der Wiedervereinigung kamen, wie beispielsweise die, daß nämlich der mitteldeutsche Wiederaufbau nur zu finanzieren ist, wenn gehandelt und geholfen, wenn gespart und geteilt wird.

Von derartigen Einsichten sind die Westeuropäer bisher noch meilenweit entfernt, und zu Opfern für die Osteuropäer ist ein Brite oder Franzose nicht einmal im Ansatz bereit. Selbst bei den friedlichen Grenzveränderungen, die, wie Jugoslawien lehrt, absolut notwendig sind, bewegt sich in Brüssel gar nichts. Im Moment zwingt die EU sogar sämtliche Beitrittskandidaten dazu, alle umstrittenen Grenzprobleme zu vergessen, weil es sonst nicht einmal Aufnahmeverhandlungen geben wird. Im Westen also nichts Neues!

So verspricht Jacques Chirac den Polen eine vorzeitige EU-Mitgliedschaft, aber er sagt nicht, welche Leistungen Frankreich dafür erbringen würde. Schlimmer noch! Jedermann weiß, daß Frankreich wegen seiner Euro-Defizite in absehbarer Zukunft überhaupt keine zusätzlichen Leistungen für Europa finanzieren kann. Im Westen also nichts Neues.

Mitterand hat sich vor Jahren in Budapest geweigert, mit den Ungarn über die Revision des Vertrages von Trianon überhaupt nur zu sprechen. Hätten die verbitterten Ungarn dieses Thema nicht von der Tagesordnung genommen, hätte er seinen Besuch abgesagt.

Im bosnischen Bürgerkrieg verhielt sich die Europäische Union anerkanntermaßen feige, hilflos und tatenlos, aber nicht nur das. Sie war, was noch weit schwerer ins Gewicht fiel, schlichtweg handlungsunfähig! Um den Bürgerkrieg zu vermeiden und zu beenden, existierten alle erforderlichen Organisationen – NATO, UNO, EU, OSZE, EWU –, die letztlich den Krieg auch beendeten, aber es gab und gibt keine europäische Organisation, kein politisches Instrument, das die bosnische Katastrophe von vornehrein hätte verhindern können. 200 000 ermordete Frauen und Kinder, Männer und Greise, massenhaft vergewaltigte Frauen und Millionen Vertriebene sprechen eine deutliche Sprache.

Die EU hat folglich in Bosnien nicht nur versagt, weil Briten wie Franzosen die Ergebnisse des Ersten Weltkriegs für sich retten wollten, sondern weil fünf verschiedene Organisationen einfach zuviel sind. Da verläßt sich jeder auf den anderen, statt selbst zu handeln. Diese Organisationsvielfalt macht die EU auch derzeit noch genauso handlungsunfähig, und dieser »Organisationssalat« wird den Ministerrat der Europäischen Union auch künftig handlungsunfähig machen, wenn es darum geht, zu verhindern, daß andere potentielle Gefahrenherde zum offenen Bürgerkrieg eskalieren.

Chirac und Kohl reagierten auf Bosnien mit der deutschfranzösischen Brigade, anstatt die Europäische Union so auszubauen, daß in Europa keine Bürgerkriege mehr entstehen können.

Konkret geht es hierbei um ausschließlich osteuropäische Regionen, die bereits in Bürgerkriege verwickelt waren, oder um umstrittene Regionen, in denen künftige Bürgerkriege zu erwarten sind, wie im Kosovo, in Bosnien, Siebenbürgen, Istrien, Moldawien, Tschetschenien, Bergkarabach, Ossetien, Mazedonien und in Montenegro. Da sich die EU in die inneren Angelegenheiten von Nichtmitgliedern nicht einmischen darf, kann sie derzeit Konfliktherde und potentiell gefährdete Regionen nur entschärfen, wenn sie eine OSZE-Konferenz einberuft. Dort besteht allerdings überwiegend Diskussions- und nur wenig Handlungsspielraum, denn diese Organisation stammt ja noch aus der Zeit des kalten Krieges. Auch dies ist ein Argument für die Schaffung einer die Osteuropäer, inklusive der Russen, umfassenden ESO. Mit der Gründung der ESO sitzen künftig der Europäische Ministerrat und die anderen ESO-Mitglieder an einem Tisch. Dann gehören alle Osteuropäer zwar noch nicht zur EU, wohl aber sind sie dann militärisch in Europa eingebunden. Allein das würde ungefähr so viel Geld einsparen, wie die ganze EU-Osterweiterung kosten würde. Aber das rein Ökonomische wäre hierbei gar nicht einmal das Entscheidende. Viel wichtiger wären friedliche Grenzänderungen im gegenseitigen Einverständnis, damit die sowieso dringend erforderliche EU-Osterweiterung durch Kriege und Bürgerkriege nicht noch höchst unnötig verteuert und gefährdet wird. Der russische Präsident säße dann in der ESO stets mit allen europäischen Regierungschefs zusammen an einem Tisch. Selbst wenn hier noch lange einstimmig entschieden werden muß – wegen der Briten oder der Russen –, kann die Europäische Union von nun an über die ESO potentielle Bürgerkriege entschärfen und in langen, mühseligen Verhandlungen umstrittene Grenzen im gegenseitigen Einverständnis verändern, um eine große EU-Osterweiterung einschließlich Rußlands vorzubereiten.

Ohne Rußland jedoch kommt Europa nur langsam in kleinen Schritten voran, und in Osteuropa taumeln wir von einem Bürgerkrieg in den nächsten, deren Brutalität unversehens auch bewirken kann, daß der Europagedanke insgesamt auf Westeuropa begrenzt wird.

Rußlands ESO-Mitgliedschaft würde zweifellos dazu beitragen, ein zweites und drittes Tschetschenien zu vermeiden. Dennoch, derzeit ist noch alles offen. Für Europas Aufstieg zur Wirtschaftsweltmacht ist die Währungsunion der wichtigste Meilenstein, für die Vollendung des europäischen Einigungsprozesses ist Rußland die entscheidende Schlüsselfigur, Polens vorzeitige EU-Einbindung aber bringt gar nichts. Denn Warschaus NATO-Beitritt vertieft lediglich den Graben zwischen Westeuropa und Rußland und erschwert Rußlands Weg in die ESO und in die EU.

Der scheidende Präsident der Europäischen Kommission, Jacques Delors, kritisierte jedenfalls die NATO-Osterweiterung auf dem EU-Gipfeltreffen in Essen 1995. Er hätte diese den Amerikanern nicht empfohlen. Sie sei »überstürzt« und »verfrüht«, bringe Rußland in Schwierigkeiten und nütze nichts; denn die NATO könne das dringendste Problem Osteuropas, die Minderheitenfrage (sprich umstrittene Grenzen), nicht lösen. Der andere Franzose hingegen, Jacques Chirac, lieferte ein Beispiel größter Flexibilität. Noch 1995 erklärte er jedwede EU-Osterweiterung bis zum Jahr 2015 für nicht finanzierbar, im Oktober 1996 sagte er jedoch in Warschau den Polen eine vorzeitige EU-Aufnahme bereits für das Jahr 2000 zu, obwohl er natürlich ganz genau wußte, daß er dafür allein keine Entscheidungsbefugnis hat, und wie selbstverständlich befürwortete er Polens NATO-Beitritt.

Helmut Kohl aber setzt auf Rußland. Vor dem Europarat in Straßburg plädierte er in einem eindringlichen Appell für die vollständige Integration Rußlands in die europäische Gemeinschaft, weil sonst kein dauerhafter Friede möglich ist, wenn der mächtigste Staat im Osten nicht zu Reformen und Demokratie findet.

Vor diesem Hintergrund wirkt die Äußerung des polnischen Altkommunisten und Ministerpräsidenten Kwasniewski total deplaziert und durchaus auch arrogant: »Europa ohne Polen, das ist wie ein Europa ohne Herz!«[1]

---
[1] ntv, 15.10.1996

Nun gut, ob nun Herz, Niere oder Galle Europas, Tschechiens Präsident Havel drängt genauso auf eine schnelle EU-Mitgliedschaft seines Landes, was immerhin beweist, daß er sich darüber im klaren ist, wie gering die Aufstiegschancen seines Landes ohne die EU sind. Aber auch er unterstellt fälschlicherweise eine unerschöpfliche westeuropäische Leistungskraft, während er den Rückstand Tschechiens bagatellisiert. Er verhält sich folglich wie ein unverbesserlicher Illusionist, wie übrigens auch Teile der mitteldeutschen Bevölkerung, die bis heute nicht erkennen, was die SED verursacht hat, nämlich eine politische, wirtschaftliche, soziale und menschliche Katastrophe, und die immer noch behaupten, daß es ihnen in der DDR, als noch alle Arbeit und einen Kindergartenplatz hatten, besser gegangen sei.

III.
Die neuen Bundesländer: Ein Warnzeichen allerhöchsten Grades für Osteuropa

Die Einheit vollenden, heißt handeln, helfen, sparen und – teilen!

1960 erzielte die ehemalige DDR immerhin noch 80 Prozent der westdeutschen Wirtschaftsleistung je Einwohner, danach allerdings fiel sie permanent und unaufhaltsam immer weiter zurück – bis auf 59 Prozent des westdeutschen Niveaus (1989). Von da an ging es ziemlich abrupt noch weiter abwärts bis auf 31 Prozent der westdeutschen Produktivität. Das war 1991, nachdem die Treuhand damit begonnen hatte, die vormals volkseigenen Betriebe konsequent zu privatisieren, zu sanieren, zu verkaufen und – stillzulegen, was uns ja eindrucksvoll noch in Erinnerung geblieben ist. Doch immerhin: 1996 erzielten die neuen Bundesländer bereits wieder ein Bruttoinlandsprodukt von 398 Milliarden Mark, die alten Länder leisteten 3 141 Milliarden. Je Einwohner standen sich im Osten 25 700 DM und im Westen 47 300 DM gegenüber, was für die neuen Bundesländer 54 Prozent der westdeutschen Leistung ausmachte. Im Rahmen der volkswirtschaftlichen Gesamtrechnung transferierten die Westdeutschen rund 200 Milliarden Mark in die neuen Bundesländer, also Sozial- und Kapitaltransfer von Bund, Ländern und Gemeinden sowie Investitionen westdeutscher Unternehmen, aber auch in Form von Krediten. Ziehen wir nun die gewaltige Transfersumme im Westen ab und schlagen diese im Osten drauf, dann standen sich 38 600 DM und 44 300 DM je Einwohner gegenüber, was für die neuen Bundesländer bereits 87 Prozent des westdeutschen Bruttoinlandsprodukts je Einwohner ausmachte. Ohne westdeutsche Hilfe liegt der Osten folglich noch ziemlich weit zurück; mit dem westdeutschen Transfer hingegen ist der Rückstand der neuen Bundesländer gar nicht mehr so groß.

Bruttoinlandsprodukt je Einwohner: Neue zu alten Ländern in Prozent

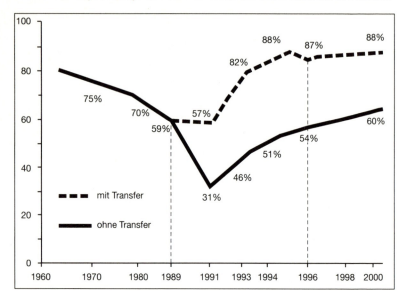

Unter der Voraussetzung, daß im Osten bis zum Jahr 2000 ein reales Wachstum von jährlich fünf Prozent erreicht wird und im Westen jahresdurchschnittlich 2,5 Prozent hinzukommen, bei zwei Prozent Inflation, klettert die mitteldeutsche Leistung bis zum Jahr 2000 auf 60 Prozent des westdeutschen Niveaus, wohlgemerkt ohne Sozial- und Kapitaltransfer. Das wiederum wäre kein spektakulärer Aufholeffekt; denn dann bestünde zehn Jahre nach der Wiedervereinigung immer noch ein beträchtlicher Produktivitätsrückstand. Nur wenn die Westdeutschen weiterhin jährlich rund 200 Milliarden Mark an Unterstützung zahlen, kämen im Jahr 2000 rund 88 Prozent des westdeutschen Niveaus zustande, was annähernd gleiche Lebensverhältnisse ermöglichen würde, die allerdings bereits seit einiger Zeit existieren, wie die vorstehende Grafik zeigt. Es handelt sich bei dieser Prognose um eine modellhafte Hochrechnung, die zugegebenermaßen so exakt gewiß nicht eintreffen wird, aber annähernd werden die Daten mit ziemlicher Sicherheit erreicht. Selbstverständlich könnte eine reale Wachstumsrate von fünf Prozent für die neuen Bundesländer zu hoch gegriffen sein; doch falls dies der Fall sein sollte, würde sich die Annäherung noch etwas länger hinauszögern.

Andererseits: Wenn Westdeutschland die vorgegebene Wachstumsrate überbietet, was keineswegs auszuschließen ist, denn der »Ost-Boom« begünstigt den Westen zweifellos ebenso, dann findet die gesamtdeutsche Annäherung zwangsläufig auch später statt, und zwar selbst dann, wenn die neuen Bundesländer ihre Vorgabe von real fünf Prozent erreichen, so daß sie wie bisher die wachstumsstärkste europäische Region bleiben.

Im Grunde geht es primär auch gar nicht darum, ob die Annäherung ein bis zwei Jahre früher oder später kommt, denn 20 Jahre wird es ohnehin dauern, bis wir, rein optisch, keine Unterschiede mehr wahrnehmen werden zwischen Dresden und München. Für die Westdeutschen aber bedeutet das zweifellos noch viele Jahre fortwährende Unterstützung für die neuen Bundesländer, was die vorhergehende Grafik unmißverständlich ins Bild setzt und die nachfolgende Übersicht ebenso verdeutlicht.

Die westdeutsche Unterstützung addierte sich bis Ende 1996 auf 1300 Milliarden Mark, bis zum Jahr 2000 werden es mit Sicherheit runde 2000 Milliarden Mark. Das ist eine Größenordnung, die unser Vorstellungsvermögen fast überschreitet, aber sie entspricht ziemlich genau unseren aufgelaufenen Staatsschulden am Ende des Jahres 1995.

Da drängt sich zweifellos auch folgende Einsicht auf: Ohne den Kapital- und Sozialtransfer in die neuen Bundesländer wären die westdeutschen Schulden ohne

Sozial- und Kapitaltransfer* in Milliarden D-Mark	
1900	ca. 120
1991	154
1992	192
1993	203
1994	215
1995	226
1996	ca. 200
1997	ca. 200
1998	ca. 200
1999	ca. 200
2000	ca. 200
* innerdeutsche Transaktionen (volkswirtschaftliche Gesamtrechnung)	

Wiedervereinigung nur halb so hoch; denn 1989 betrugen sie nur 929 Milliarden D-Mark. Rein theoretisch bedeutet das: Westdeutschland hätte sich mit dem gewaltigen Transfer, der in die neuen Bundesländer ging, ohne weiteres selbst von allen Schulden freimachen können! Unsere kumulativen öffentlichen Schulden, die sich 1989 auf 41 Prozent des Bruttoinlandsprodukts angesammelt hatten, hätten wir ohne die Kosten der deutschen Einheit problemlos konstant halten können, und wir würden jetzt die Maastrichter Hürden von 60 Prozent Staatsschulden ziemlich locker überspringen können – unter den neidvollen Blicken unserer Nachbarn. Darüber hinaus aber stünde dem Bund noch eine gewaltige Reserve zur Verfügung. Eine weitere vertretbare Schlußfolgerung ist, daß der Bund in den zurückliegenden Jahren riesige Steuersenkungen mühelos hätte finanzieren können und daß beim Sozialen keine Kürzungen nötig gewesen wären. Somit hatten unsere ausländischen Partner doch recht, als sie seinerzeit – nicht ohne Schadenfreude – feststellten, daß unsere Wettbewerbsfähigkeit durch die riesigen Kosten der deutschen Einheit zwangsläufig beeinträchtigt werden würde. Das Ausland erwartete unter anderem, daß die Mark durch die enormen zusätzlichen Staatsschulden erheblich in Mitleidenschaft gezogen werden würde; doch allen Prognosen zum Trotz wurde die Mark gerade zwischen 1989 und 1996 noch stärker, während andere abwerten mußten.

Selbst die Hartwährungen Yen, Schweizer Franken oder Dollar verloren seit der Wiedervereinigung Deutschlands gegenüber der Deutschen Mark.[1]

	Yen	Franken	Dollar
1988	1,37 DM	1,20 DM	1,76 DM
November 1996	1,35 DM	1,19 DM	1,51 DM
Abwertung	– 2 %	– 1 %	– 14 %

Wenn wir weiterhin in Betracht ziehen, daß das gesamtdeutsche Bruttoinlandsprodukt 1995 real um 27 Prozent über der westdeutschen Wirtschaftsleistung von 1989 lag, während unsere

---

[1] Deutsche Bundesbank, Monatsbericht Dezember 1996, S. 70

Konkurrenz weniger zulegte – Japan zwölf Prozent, die USA elf Prozent, Frankreich acht Prozent und die Briten schafften in den letzten sechs Jahren der deutschen Wiedervereinigung gerade mal sechs Prozent realen Zuwachs –, dann müssen wir einfach verstehen, warum Margaret Thatcher die deutsche Einheit verhindern wollte, nämlich um die Konkurrenz nicht übermächtig werden zu lassen.

Aber auch Westdeutschland legte für sich genommen mit real 15 Prozent mehr zu als die gesamte Konkurrenz, so daß jetzt 28,5 Millionen im Gegensatz zu 27,7 Millionen im Jahr 1989 erwerbstätig sind, in Westdeutschland wohlgemerkt. Auch so gesehen wurde der westdeutsche Standort nicht benachteiligt, sondern eher begünstigt.

Die neuen Bundesländer: Die höchste Investitionsquote der Welt!

Selbstverständlich war das imponierende westdeutsche Wachstum 1990/91 mit real 5,7 und fünf Prozent wiedervereinigungsbedingt sehr hoch, während es sich 1992 auf real nur noch 1,8 Prozent abschwächte und wir 1993 eine Rezession von minus 1,9 Prozent hinnehmen mußten. Seither geht es im Westen sichtbar langsamer voran als früher, was ebenso mit der Wiedervereinigung zusammenhängt. Denn eine Übertragung von 226 Milliarden DM in den Osten, wie 1995, bedeutet ja konkret: Im Westen entstand zwar ein Bruttoinlandsprodukt von 3077 Milliarden DM, von denen allerdings nur 2851 Milliarden Mark im Westen verteilt und verwendet wurden.

Betroffen davon sind sowohl der private Verbrauch als auch Investitionen, besonders im Tiefbau, weil vergleichsweise weniger Straßen, kommunale Bäder und anderes gebaut werden.

Im Gegensatz dazu bewirkt die westdeutsche Hilfe im Osten geradezu Unglaubliches: Dort entstand 1995 ein Bruttoinlandsprodukt von 381 Milliarden DM, aber verteilt und verwendet wurden sage und schreibe 607 Milliarden DM, die sich so zusammensetzen:

Privater Verbrauch   270 Mrd. DM
Staatsverbrauch   130 Mrd. DM
Investitionen   207 Mrd. DM

Der private Verbrauch sichert den neuen Bundesbürgern 68 Prozent des westdeutschen Konsums je Einwohner, der Staatsverbrauch ist ziemlich genau vergleichbar. Geradezu sensationell aber ist das Investitionsvolumen! Je Einwohner wurden im Osten 13 400 DM investiert, im Westen nur 8600 DM. Im Klartext bedeutet das: Beim Konsum verzichten die Mitteldeutschen immer noch ziemlich stark, aber sie investieren 155 Prozent der westdeutschen Investitionssumme je Einwohner.

1988 hatte das frühere Bundesgebiet noch eine Investitionsquote von 20,1 Prozent, jetzt sind es dagegen nur noch 18,6 Prozent. Die neuen Bundesländer aber verzeichnen eine Investitionsquote von 34,1 Prozent, wie vergleichsweise früher die Japaner, die damit zweistellige Wachstumsraten geschafft haben.

Nirgends in der Welt gibt es derzeit eine ähnlich hohe Investitionsquote, deshalb bleiben die neuen Bundesländer Europas wachstumsstärkste Region, und deshalb ist eine mittelfristige Wachstumsprognose von real fünf Prozent keineswegs überhöht.

Der Löwenanteil der westdeutschen Hilfe wird folglich investiv eingesetzt, ein notwendiger Teil geht in die staatliche Verwaltung, und nur ein geringer Teil der riesigen Transfersumme fließt in den privaten Konsum. Diese Aufteilung war von Beginn an so vorgesehen, denn diese Struktur ist von der Sache her völlig richtig, weil nur so ein sich selbst tragender Aufschwung angeschoben wird; letztlich bringt dies den Menschen im Osten das, was sie selbst auch am meisten haben wollen, nämlich Arbeit.

Damit geht der Wiederaufbau in den neuen Bundesländern zwar politisch, wirtschaftlich und sozial in die richtige Richtung, aber seit 1996 fehlt das erforderliche Tempo. Wenn deshalb die neuen Bundesländer im Jahr 2000 trotzdem nur 60 Prozent der westdeutschen Leistung je Einwohner erreichen, so hat das nur eine Ursache: Die westdeutsche Volkswirtschaft ist die effektivste der Welt, sie hat die höchste Produktivität je Arbeitsstunde, und schließlich tritt sie ja nicht auf der Stelle, um auf die neuen Bundesländer zu warten, sondern schafft trotz des Transferaderlasses mittelfristig jedes Jahr ein reales Wachstum von 2,5 Prozent. So eine dynamische Volkswirtschaft will schließlich erst mal eingeholt werden.

Helmut Kohl jedenfalls vollbrachte eine riesengroße, fast gigantische politische Leistung, wofür er in die Geschichte eingehen wird. Er machte all das Geld locker, stürzte im Vorbeigehen noch Bundesbankpräsident Pöhl, der die Ost-Mark nicht 1:1 umtauschen wollte, und mit der D-Mark holte er auch im Osten die erforderlichen Stimmen für ganz Deutschland. Die Länderchefs hingegen schauten anfangs fast tatenlos zu, um dann zu den Gewinnern der Wiedervereinigung zu gehören; denn in den ersten Jahren überstiegen die zusätzlichen Mehrwertsteuereinnahmen glatt alle Hilfeleistungen für die neuen Länder – frei nach dem Motto: Hilfe für den Osten, aber nicht zu Lasten des eigenen (Bundes-)Landes. Theo Waigel aber finanzierte die deutsche Einheit derart stabilitätsgebunden, daß das Ausland aus dem Staunen nicht mehr herauskam.

Die nachstehende Formulierung ist deshalb längst überfällig: Noch niemals in der Geschichte des deutschen Volkes hat ein Landesteil einem anderen Teil Deutschlands so gründlich und so umfangreich, so massiv wie tiefgreifend geholfen.

Die westdeutsche Bevölkerung, die sich mit 86 Prozent zur Wiedervereinigung bekannt hatte, alle Westeuropäer übrigens mit bemerkenswerten 67 Prozent, nimmt Massenarbeitslosigkeit, Kürzungen beim Sozialen sowie sinkende Reallöhne ohne großes Murren hin, weil die meisten ganz genau wissen, daß das alles größtenteils wiedervereinigungsbedingt ist. Unsere Massenarbeitslosigkeit entstand zunächst einmal aus dem Ende des Ost-West-Konflikts. Dadurch kamen über zwei Millionen deutsche Aussiedler aus der Sowjetunion sowie aus Rumänien, Polen und anderen osteuropäischen Ländern in ihre angestammte Heimat zurück, und mit der Wiedervereinigung siedelten 1,2 Millionen Menschen von Mittel- nach Westdeutschland über, insgesamt also 3,2 Millionen deutsche Zuwanderer, die für die alten Länder und deren Arbeitsmarkt zweifellos eine große finanzielle Last bedeuteten. Hinzu kamen 0,9 Millionen Bürgerkriegsflüchtlinge, Asylbewerber und EU-Bürger. Westdeutschland hatte 1989 noch 62,1 Millionen Einwohner, 1996 waren es bereits 66,5 Millionen. Wenn wir bedenken, daß von 4,4 Millionen Zuwanderern knapp die Hälfte Arbeit gesucht und gefunden hat, nämlich fast zwei Millionen, dann wird der westdeutsche Anstieg der Arbeitslosigkeit von 2,0 auf 2,9 Millionen zwar nicht akzeptabel, aber wenigstens verständlich. Dennoch drängt sich die Frage auf, wie lange und wie intensiv wir noch helfen müssen. Vielleicht drei oder fünf Jahre – oder gar noch länger?

... und die höchsten Renten für Frauen!

Ein Blick auf die Grafik auf S. 98 belegt, daß die neuen Bundesländer im Jahr 2000 ungefähr 60 Prozent der westdeutschen Produktivität erreichen werden. Dank des westdeutschen Transfers, der allmählich zurückgeht, werden 88 Prozent erreicht, so daß annähernd gleiche Lebensverhältnisse vorstellbar sind. Allein daraus geht hervor, daß die alten Bundesländer weiterhin helfen sollten. Allerdings werden die Investitionsanteile westdeutscher Unternehmen steigen, die Quoten und Summen des Bundes und der westdeutschen Länder und Gemeinden jedoch sinken, und nach dem Jahr 2000 wird es wohl nur noch den Länderfinanzausgleich geben.

In diesen Zusammenhang ist der Solidarbeitrag einzuordnen. Für alle westdeutschen Arbeitnehmer belief er sich 1996 auf knapp 25 Milliarden Mark, was knapp zehn Prozent der gesamten westdeutschen Hilfe ausmachte. Er müßte im Grunde genommen, wenn auch verkürzt, beibehalten werden, weil der Bund wegen Maastricht keine größeren Steuersenkungsspielräume hat. Ich gehe allerdings davon aus, daß Helmut Kohl und Theo Waigel das fehlende Geld durch die Privatisierung von Staatsvermögen sowie durch andere Haushaltskürzungen beschaffen werden, so daß der Solidarbeitrag 1998 wegfallen wird.

Denn da nun, dank Schröder, die SPD nicht mehr die Schulden des Staates geiselt, was ohnehin keinen Wähler sehr beeindruckte, sondern jetzt den Arbeitnehmern Steuersenkungen verspricht, werden Union und FDP wohl dagegenhalten und die Lohnsteuern für alle Arbeitnehmer massiv senken. Bei allem Verständnis für westdeutsche Opfer und Lasten einschließlich gesunkener Reallöhne dürfen wir allerdings nicht aus den Augen verlieren, daß trotz aller Hilfe der Lebensstandard in den neuen Bundesländern erst 71 Prozent des westdeutschen Niveaus erreicht hat.

Verfügbare Einkommen der privaten Haushalte*

	alte Länder Mrd. DM	je Einwohner DM	neue Länder Mrd. DM	je Einwohner DM	neue zu alten Ländern
1989	1394	22 500	168	10 300	46 %
1990	1533	24 200	166	10 300	43 %
1991	1669	26 000	197	12 300	47 %
1992	1760	27 100	250	15 900	59 %
1993	1810	27 600	279	17 800	64 %
1994	1860	28 300	291	18 700	66 %
1995	1907	28 800	316	20 400	71 %

* Statistisches Bundesamt, Fachserie 18, 1995, S. 32

Zu den verfügbaren Einkommen gehören Nettolöhne und Gehälter, Renten und Pensionen, Kranken-, Kinder- und Wohngeld sowie Vermögenserträge, wie Zinsen, Dividenden, Mieterträge und anderes. Im Durchschnitt gesehen, markiert die vorstehende Übersicht den Lebensstandardrückstand der neuen Bundesländer ziemlich genau, aber eben zu undifferenziert: Wenn beide Ehepartner Arbeit haben, was gar nicht einmal so selten vorkommt, dann verdoppelt sich der Durchschnittswert, und eine arbeitslose alleinerziehende Mutter lebt glatt unter dem Existenzminimum.

Es gibt jedoch eine Gruppe, die schon sehr weit herangeholt worden ist, nämlich Rentner und Pensionäre. Diese erzielten be-

Verfügbare laufende Versicherungs-Rente* Männer			
	West DM je Monat	Ost DM je Monat	Ost in Prozent zu West
1990	1558	739	47
1991	1635	992	61
1992	1691	1242	73
1993	1754	1470	84
1994	1813	1605	89
1995	1796	1683	90
1996	1796	1746	97
1997	1827	1835	100

* Institut der Deutschen Wirtschaft, Köln, 1996; Zahlen zur wirtschaftlichen Entwicklung, S. 139

reits 1997 ungefähr 100 Prozent des westdeutschen Rentenniveaus.

Geradezu sensationell entwickelten sich die Renten für Frauen in den neuen Bundesländern. Da es in der DDR nicht nur ein Recht auf Arbeit gab, sondern auch die Pflicht zur Arbeit für jedermann, bringen fast alle Frauen 40 bis 45 Berufs- und damit auch Beitragsjahre für die Rente ein, obwohl sie in die westdeutschen Kassen nichts eingezahlt haben. Da westdeutsche Frauen nun wiederum teilweise nur 15 bis 25 Arbeitsjahre versichert sind oder eine Minderheit gar nicht gearbeitet hat, gab es schon längst neidvollen westdeutschen Protest, was durchaus zu verstehen ist; denn die noch nicht voll angeglichenen Ost-Renten liegen im Durchschnitt bereits jetzt erheblich über dem Durchschnitt westdeutscher Frauen, das heißt konkret durchschnittlich bei 140 Prozent!

Bei so viel mitteldeutschem Frauenglück bedeutet das: Die Frauen in der ehemaligen DDR sind die Hauptgewinner der Wiedervereinigung Deutschlands! SED-Chef Honecker zahlte an die Frauen im Sommer 1989 meist nur 450 Ost-Mark aus, Helmut Kohl immerhin 1130 D-Mark! Vielleicht tröstet die westdeutschen Frauen dies: Alle Rentnerinnen aus der ehemali-

Verfügbare laufende Versicherungs-Rente* Frauen

	West DM je Monat	Ost DM je Monat	Ost in Prozent zu West
1990	658	524	80
1991	693	716	103
1992	728	826	114
1993	761	952	125
1994	793	1016	128
1995	796	1059	131
1996	796	1076	135
1997	810	1130	140

* Institut der Deutschen Wirtschaft, Köln, 1996; Zahlen zur wirtschaftlichen Entwicklung, S. 139

gen DDR sind im Grunde genommen die Hauptgeschädigten des DDR-Sozialismus, weil sie ihr ganzes Leben mit harter Arbeit verbringen mußten, was unter anderem ihre Lebenserwartung um drei Jahre verkürzte. Gegen Ende ihres Lebens werden sie so wenigstens mit kapitalistischen Renten entschädigt.

Letztlich sollten wir jedoch auch noch folgenden Umstand berücksichtigen: Hohe Renten sind noch nicht gleichbedeutend mit höheren Einkommen; denn die meisten Westdeutschen haben erheblich mehr Geld »auf der hohen Kante« liegen, was zusätzliche Einnahmen bringt.

Ein Jahr vor der Wiedervereinigung (1989) sparten die Westdeutschen 173 Milliarden Mark, danach stiegen die jährlichen Ersparnisse auf über 220 Milliarden Mark, um dort zunächst zu verharren. Im letzten Jahr der DDR sparte die Bevölkerung nur elf Milliarden Ost-Mark, und nach einem kurzen Rückgang kletterten die Ersparnisse auf immerhin knapp 40 Milliarden DM. Die Sparquote verdoppelte sich und liegt jetzt sogar etwas höher als in Westdeutschland. Vom niedrigeren Einkommen wird folglich im Osten mehr »auf die hohe Kante« gelegt als im Westen. Je Einwohner wurden 1995 in den alten Bundesländern 3300 DM gespart, in den neuen 2500 DM.

Ersparnisse der privaten Haushalte*				
	alte Länder		neue Länder	
	Mrd. DM	Sparquote	Mrd. DM	Sparquote
1989	173	12,4 %	11	6,3 %
1990	212	13,9 %	7	3,9 %
1991	222	13,3 %	14	7,3 %
1992	224	12,7 %	32	12,9 %
1993	219	12,1 %	36	13,0 %
1994	214	11,5 %	35	12,1 %
1995	218	11,4 %	39	12,3 %

* Statistisches Taschenbuch 1996, Seite 120, Bundesministerium für Arbeit und Sozialordnung

Doch es existiert ein gravierender Unterschied: Infolge der äußerst bescheidenen Ersparnisse aus DDR-Zeiten wurden nur 165 Milliarden DM umgetauscht, die seither bis auf 270 Milliarden DM anwuchsen. Die Westdeutschen hingegen, die ja von Beginn an fleißig sparten, hatten 1995 ein wesentlich größeres Nettogeldvermögen. Alle Konsumentenschulden abgezogen, hatten sie 3700 Milliarden DM zur Verfügung; im Westen 56 000 DM und im Osten 17 000 DM pro Einwohner.

Wenn darüber hinaus noch Grund-, Haus- und betriebliche Vermögen berücksichtigt werden – im Westen wohnen 41 Prozent aller Haushalte in den »eigenen vier Wänden«, im Osten hingegen nur 24 Prozent –, dann fordert dies immer wieder erneut folgende Feststellung heraus: Im Grunde genommen haben alle Bürger der ehemaligen DDR den Zweiten Weltkrieg zweimal verloren, nämlich zusätzlich mit 40 SED-Jahren, und das hieß eben halbierte Reallöhne, gedrittelte Renten und geviertelte Ersparnisse. Und jetzt verlieren sie im Grunde genommen den Zweiten Weltkrieg zum drittenmal – bis wir sie herangeholt haben.

Wir sollten uns deshalb in Westdeutschland, gerade wegen des Solidarpakts, der uns belastet, drückt und ärgert, über folgendes klarwerden: Wir wurden reich und wohlhabend durch den Zufall der Teilung! Die Mitteldeutschen hingegen wurden durch den Zufall der Teilung arm und benachteiligt, und zwar ohne eigene Schuld. Dies hat mit mehr oder weniger Fleiß am allerwenigsten zu tun, sondern mit Marktwirtschaft und Effektivität des Kapitals auf der einen oder mit Planwirtschaft und Verschwendung von Ressourcen – und zwar von Arbeit, Kapital und Material – auf der anderen Seite. Um das zu verstehen und dann auch akzeptieren zu können, braucht man sich nur folgendes in Erinnerung zu rufen, das weder den Westdeutschen bewußt noch den meisten Mitteldeutschen bekannt ist:

Das technologische Zentrum Deutschlands lag 1938 in Mitteldeutschland

Aus den heutigen fünf neuen Bundesländern kam 1938 eine Wirtschaftsleistung, die je Einwohner um zehn Prozent größer war als seinerzeit in Westdeutschland. Damals existierte folglich kein westöstliches Produktivitätsgefälle. Die Produktivität fiel 1938 vielmehr von der Mitte Deutschlands nach allen vier Himmelsrichtungen ab, was man sich ja heute kaum mehr vorstellen kann. Selbst die mitteldeutsche Landwirtschaft brachte vor dem Zweiten Weltkrieg höhere Erträge als die westdeutsche.

Wie die Grafik weiterhin verdeutlicht, übernahm die SED 1949 nicht nur den wirtschaftlich fortgeschrittensten Teil Deutschlands, sondern das Gebiet der ehemaligen DDR war durch den Bombenkrieg, was Industrieanlagen und Wohngebäude angeht, erheblich geringer zerstört als Westdeutschland. Allerdings demontierten die Sowjets weit intensiver als die Briten. Aber dennoch gab es für beide Teile

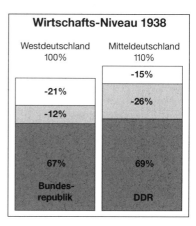

1 Kriegsschäden
2 Demontagen
3 Startbedingungen bezogen auf das Vorkriegsniveau

Deutschlands zunächst ungefähr gleiche Startbedingungen. Wie die Grafik belegt, hatte die DDR 1949, als beide deutschen Staaten gegründet wurden, sogar geringfügig bessere Startbedingungen. Doch daraus hat die SED nicht nur nichts gemacht, sondern das Land in 40 Jahren völlig heruntergewirtschaftet, die Menschen demotiviert und schwer benachteiligt. Denn in Sachsen und Thüringen befand sich ja in den dreißiger Jahren nicht nur das Zentrum der deutschen Textilindustrie, sondern dort lag auch das Zentrum des deutschen Maschinenbaus, und zwar des Werkzeug-, Textil- und polygraphischen Maschinenbaus, der damals in der Welt führend war. Aber nicht nur das: Wir können heute im nachhinein ohne weiteres feststellen, daß in den dreißiger Jahren der weltweite Siegeszug der Automation von der preußischen Provinz Sachsen, von Thüringen und von Sachsen ausging.

Die optischen Werke Carl Zeiß, Jena, lieferten im Verbund mit den Glaswerken Schott & Genossen, Jena, weltweit unerreichte optische Präzisionsinstrumente für Steuer-, Meß- und Regeltechnik. Aus Jena kamen unter anderem das erste Elektronenmikroskop und Weltraumplanetarien. In der Vogtländischen Maschinenfabrik AG, VOMAG, Plauen, errichtete Zeiß 1938 die erste vollautomatische Taktstraße der Welt zur Fertigung von Pkw-Zylinderblöcken für die Auto-Union. Die Anlage wurde damals nicht elektronisch gesteuert, sondern optisch, das heißt mit Lichtschranken! Daran sollten wir uns durchaus erinnern.

Die Basis dafür war die Zeiß-Optik sowie der Präzisionsmaschinenbau, der seinerzeit im vogtländischen Plauen zu Hause war. Die Stadt hatte in den dreißiger Jahren die meisten Millionäre pro 100 000 Einwohner in Deutschland.

Der größte deutsche Automobilkonzern war 1938 die Auto-Union in Zwickau aus dem Zusammenschluß von Audi, DKW, Horch und Wanderer. Damals bauten die Sachsen sehr gute Motoren, fuhren einen Weltrekord nach dem anderen, und mit Bernd Rosemeier am Steuer verdrängte die Auto-Union gar Daimler-Benz vom Siegerpodest auf den Rennstrecken. Mit ihrem extrem flachen, erstmals stromlinienförmig voll verkleideten Rennwagen, der im Windkanal der Dessauer Junkers-

Flugzeugwerke getestet worden war, fuhren die Sachsen den Schwaben damals auf und davon.

Die größte, technologisch führende und berühmteste Flugzeugfabrik der Welt, die Junkers Flugzeug- und Motoren-Werke, war in den dreißiger Jahren in Dessau beheimatet. Schon lange vor der Aufrüstung der Luftwaffe war Junkers zivilwirtschaftlich mit seinen ersten Ganzmetallflugzeugen für den überseeischen Passagier- und Postverkehr bahnbrechend, und von Junkers kam auch das erste serienreife Düsentriebwerk der Welt. Es wurde 1944 in die sagenumwobene Me 262 eingebaut, weil BMW, aber auch Heinkel für ihre Triebwerke keine Serienreife schafften. Darüber hinaus war der deutsche Flugzeugbau zu 60 Prozent in den heutigen neuen Bundesländern angesiedelt.

Oder nehmen wir die berühmte staatliche Meißner Porzellan-Manufaktur, die heute immer noch einen sehr guten Ruf hat – aber 1938 war sie noch mit Abstand die Nummer eins in der Welt.

Die deutsche chemische Industrie setzte in den dreißiger Jahren Maßstäbe für alle anderen. Mit 40 Prozent der deutschen Kapazitäten war sie weit überproportional in Mitteldeutschland zu Hause, wo Buna und Leuna dominierten; aus Bitterfeld kam der erste Ton- und Farbfilm!

Hans Dominik konnte sich jedenfalls in seinen Zukunftsromanen aus der Sicht der dreißiger Jahre den Start von Weltraumraketen oder düsengetriebene Passagierflugzeuge überhaupt nur auf der Linie Berlin–Dessau–Halle–Leipzig–Jena vorstellen. Und in der Tat: Die letzten drei großen Motoren der Weltgeschichte kamen allesamt aus Mitteldeutschland, das damals Deutschlands technologisches Zentrum war.

Werner von Siemens entwickelte seinen Elektromotor in Berlin, und von dort trat bekanntermaßen dank Siemens und der AEG die Elektrifizierung ihren Siegeszug um die ganze Welt an.

An der Heeresversuchsanstalt Wünsdorf, südlich von Berlin gelegen, entwickelte der aus dem westpreußischen Bromberg stammende Wernher von Braun sein legendäres Raketentriebwerk, das in Peenemünde an der Ostsee getestet und erprobt wurde. Unter Wernher von Brauns Leitung wurden Triebwerk und Rakete so weiterentwickelt, daß die USA dank seiner Hilfe den ersten Menschen zum Mond bringen konnten. Und wie bereits gesagt: Zwar versuchten sich auch Heinkel, BMW und die Briten, aber das erste serienreife Düsentriebwerk der Welt entwickelte der gebürtige Dessauer von Ohain in den Junkers Flugzeug- und Motorenwerken, Dessau. Die Stadt hatte in den dreißiger Jahren mit der ersten Drehbühne Europas ja auch die Richard-Wagner-Festspiele aus Bayreuth kraft ihrer kulturellen Potenz an sich gezogen. Und übrigens: Ohne Fürst Leopold von Anhalt-Dessau, den »Alten Dessauer«, der die preußische Armee reorganisiert und in Potsdam trainiert hatte, wäre Preußen nie zur Großmacht aufgestiegen. Dessau war in den dreißiger Jahren in mehrfacher Hinsicht eine bemerkenswerte, hochangesehene Stadt, während sich heute dort lediglich Biber im Biosphärenreservat Mittlere Elbe gute Nacht sagen.

Als Folge der mitteldeutschen technologischen Spitzenstellung kamen 1938 über 60 Prozent aller deutschen Exporte aus dem Gebiet der heutigen neuen Bundesländer. Die DDR brachte es 1989 nur noch auf acht Prozent des gesamtdeutschen Exports, und 1995 waren alle neuen Bundesländer nur noch mit zwei Prozent am deutschen Export beteiligt.

Diese Tatsache zeigt deutlich, wie total sich das technologische Schwergewicht Deutschlands von Preußen und Sachsen nach Westdeutschland verlagert hat.

Nun gut, für derartige Erinnerungen zahlt den Mitteldeutschen heute niemand mehr auch nur einen Pfennig, aber nur so ist nachzuempfinden, was Preußen, Sachsen und Thüringer früher einmal leisteten: Rein technologisch gesehen, schrieben sie buchstäblich Weltgeschichte.

Die Briten brachten mit Dampfmaschine, Dampflokomotive und Dampfschiff, mit mechanischem Webstuhl und Spinnmaschine die erste technologische Revolution in Gang, um nur die wichtigsten Erfindungen zu nennen. In der Mitte des vorigen Jahrhunderts erzeugten sie 40 Prozent des Bruttosozialprodukts der damaligen Welt. Sie hatten sich folglich ihr Weltreich nicht nur »zusammengeraubt«, sondern überwiegend erarbeitet. Nach den Briten waren es die Deutschen, die die zweite technologische Revolution schafften; denn alle Motoren, die nach der Dampfmaschine erfunden wurden, kamen aus Deutschland: der Zweitaktmotor, der Viertaktmotor, der Dieselmotor und zuletzt noch der Wankelmotor! Dafür stehen die Ingenieure und erfinderischen Unternehmer Hans Otto, Karl Benz, Gottlieb Daimler, Gustav Diesel und Wankel. Sie kamen aus Köln-Deutz, aus Mannheim, Stuttgart, Augsburg und vom Bodensee. Sie waren demnach allesamt West- oder Süddeutsche. Doch die letzten drei großen Motoren der Weltgeschichte kamen alle aus Mitteldeutschland, in dem sich unter preußischer Führung Deutschlands technologisches Zentrum herausgebildet hatte.

Die Basis dieser vormaligen deutschen technologischen Spitzenstellung war das seinerzeit leistungsfähigste Bildungssystem an Schulen und Universitäten, das in Preußen und Sachsen auch für deutsche Maßstäbe besonders hoch entwickelt war. Es war deshalb kein Zufall, daß während des Kaiserreichs und zwischen beiden Weltkriegen die Hälfte aller Nobelpreisträger aus Deutschland stammte. Allein 75 Nobelpreise gab es für deutsche Forscher. Den größten Teil erhielten Mitglieder der Kaiser-Wilhelm-Gesellschaft, der kleinere Teil ging nach dem Zweiten Weltkrieg an die Max-Planck-Gesellschaft. Früher kamen fast jährlich mehrere Nobelpreise nach Deutschland; jetzt freuen wir uns bereits, wenn wir alle paar Jahre einen erhalten.

Deutschland: Der Westen zu dicht besiedelt, der Osten entvölkert

Darüber hinaus hatten die Sachsen früher jenen Ruf, den heute Hessen und Baden-Württemberger genießen: Sie waren einmal der fleißigste deutsche Stamm – und wahrscheinlich auch der kulturträchtigste. Die deutsche Romantik kam aus Dresden, und in Sachsen gibt es noch heute die drei größten deutschen Theater: in Dresden die Semper-Oper, in Leipzig die Städtische Oper und in Dessau das Anhaltinische Landestheater.

Vor diesem kulturellen und wirtschaftlichen Hintergrund der neuen Bundesländer stellt sich jetzt nach mehreren Jahren des

Wiederaufbaus heraus, daß selbst die früher einmal sprichwörtlich fleißigen Sachsen und Thüringer ihre Heimat nie mehr aus eigener Kraft hätten aufbauen können. Dazu sind sie ohne Wenn und Aber auf enorme westdeutsche Hilfe angewiesen. Ein Problem, wie es sich für Tschechen, Polen oder Russen ähnlich darstellt. Für die Europäische Union ist dieser Sachverhalt jedenfalls ein Warnsignal allerhöchsten Grades – ein Menetekel!

Niemals wären die Mitteldeutschen selbst, auch unter noch so großen persönlichen Opfern und mit größten Anstrengungen, in der Lage, jene erforderlichen 2000 Milliarden Mark zu akkumulieren, und alle Westeuropäer würden zusammengenommen niemals jene vergleichsweise zehn- bis 20fach größere Summe als Hilfe aufbringen, die für einen vergleichbaren Kapitalstock in Osteuropa notwendig wäre. Denn die ehemalige DDR, die ja wiederum innerhalb des Ostblocks noch am leistungsfähigsten war, brachte in das wiedervereinigte Deutschland fast Unglaubliches ein, nämlich:

- größtenteils verfallene, ja verrottete Gebäude und Industrieanlagen und Häuser,
- eine völlig kaputte Infrastruktur bei Straßen, Autobahnen und Reichsbahn, bei Rohrleitungen für Abwässer, Gas und Trinkwasser sowie heruntergekommene öffentliche Bauten jeder Art,
- und die vorgefundenen Umweltschäden überstiegen das westliche Vorstellungsvermögen um ein Vielfaches.

Die nachstehende Übersicht macht deutlich, daß die neuen Bundesländer nicht nur zu DDR-Zeiten, sondern auch heute noch mit einem Problem belastet sind, das den Wiederaufbau noch zusätzlich erschwert, teurer werden läßt und verzögert. Ich meine den anhaltenden Bevölkerungsschwund! Im Gegensatz dazu hat Westdeutschland einen Zuwandererstrom, der das Land mittlerweile auch finanziell so stark belastet, daß nun sogar der Wiederaufbau der neuen Bundesländer beeinträchtigt wird.

Westdeutschland hatte 1939 nur 43 Millionen Einwohner, jetzt sind es 66,5 Millionen. Folglich wurden 23,5 Millionen

Bevölkerungsentwicklung*		
	Westdeutschland	Mitteldeutschland
1939	43,0 Mio.	16,8 Mio.
1948	48,3 Mio.	19,1 Mio.
1961	56,2 Mio.	17,1 Mio.
1988	61,5 Mio.	16,7 Mio.
1996	66,5 Mio.	15,4 Mio.
	+ 23,5 Mio.	– 1,4 Mio.

* Zur wirtschaftlichen Entwicklung der Bundesrepublik Deutschland, Institut der Deutschen Wirtschaft, Köln, S. 6

Flüchtlinge und Vertriebene, Übersiedler und Aussiedler, Gastarbeiter und Asylanten aufgenommen und integriert, was einmal mehr bestätigt, welche Anziehungskraft Westdeutschland entwickelt hatte und immer noch hat. Dahinter steckt eine großartige demokratische sowie marktwirtschaftliche Leistung!

Die DDR konnte im Gegensatz dazu weder alle Flüchtlinge noch die eigene Bevölkerung halten oder integrieren, sondern sie hat das Land geradezu entvölkert – und zwar um 1,4 Millionen Menschen, trotz des Zustroms von Millionen von Flüchtlingen –, was, wie wir wissen, auf den minimalen planwirtschaftlichen Wohlstand zurückzuführen war. Letztendlich bleibt es ein Armutszeugnis für die Staats- und Wirtschaftsführung der DDR, das man deren Nachfolgern in der PDS immer wieder vor Augen halten sollte.

Die SED-Führung hat folglich den mitteldeutschen Raum nicht nur technisch-ökonomisch schwer geschädigt und die Menschen in vielerlei Hinsicht benachteiligt, sondern auch das Gebiet der neuen Bundesländer in beträchtlichem Maße entvölkert.

Bereits zwischen 1945 und 1948 kehrten viele Wehrmachtsangehörige gar nicht erst in ihre Heimat zurück, sondern gingen gleich in den Westen. Der Adel verließ das Land fast vollständig,

Industrielle, Mittelständler und Handwerker gingen weg, Wissenschaftler und Ingenieure zogen ihren Firmen hinterher, genauso wie Facharbeiter, Angestellte oder Beamte. Bereits bis zur Staatsgründung der DDR bezifferte sich der Aderlaß auf zwei Millionen Menschen, der allerdings durch vier Millionen ostdeutsche Flüchtlinge und Vertriebene zunächst ausgeglichen wurde. Bis zum Mauerbau 1961 kamen weitere zwei Millionen nach Westdeutschland, danach ging die Bevölkerung aufgrund eines Geburtendefizits zurück, und seit 1988 siedelten erneut 1,3 Millionen Mitteldeutsche in den Westen über. 1996 sank die Einwohnerzahl noch einmal um knapp 100 000 auf 15,4 Millionen. Neben 13 Millionen Ostdeutschen und Sudetendeutschen verließen demnach auch fünf Millionen Mitteldeutsche ihre Heimat. Die meisten waren hochqualifiziert. Die geistige Elite Mitteldeutschlands flüchtete fast zu 100 Prozent in die Bundesrepublik. Das erklärt, warum die DDR in 40 Jahren nicht einen einzigen Nobelpreis holen konnte.

Mit 267 Einwohnern pro Quadratkilometer ist Westdeutschland nach Belgien und den Niederlanden in Europa am dichtesten besiedelt, und es besitzt zahlreiche Ballungsräume, die die Menschen genauso belasten wie die Natur, während die neuen Bundesländer mit gerade 143 Einwohnern pro Quadratkilometer für europäische Verhältnisse ziemlich dünn besiedelt sind.

Westdeutschland aber ist nicht zersiedelt, was uns Grüne und Teile der SPD ständig fälschlicherweise einzureden versuchen, sondern schlichtweg übersiedelt, wobei die meisten Städte und Gemeinden durch den seit langem anhaltenden gewaltigen Zuzug im wahrsten Sinne des Wortes aus ihren Nähten platzen. Im Grunde genommen sind wir deshalb auch aufgefordert, über unsere nationale Wiedervereinigung in mehrfacher Hinsicht nachzudenken. Diese muß nicht nur eine Last, sie kann auch eine große Chance sein.

1. Wenn wir bedenken, wieviel Arbeit in den neuen Bundesländern noch viele Jahre auf uns wartet, denn gerade dadurch bekommen wir die Chance, unsere Arbeitslosigkeit zu überwinden – aber nur mit Hilfe eines Lohnerhöhungsstopps.

2. In den neuen Bundesländern bekommen wir mit ziemlicher Sicherheit für viele Jahre reale Wachstumsraten von fünf Prozent, was zwangsläufig auch die westdeutsche Konjunktur begünstigt.
3. Darüber hinaus sind wir aufgefordert, die für den Osten prognostizierten sinkenden Bevölkerungszahlen nicht einfach nur passiv hinzunehmen. Ich halte diese Prognosen sowieso für falsch, weil diese den Trend der letzten Jahre einfach nur linear in die Zukunft hochrechnen, was viel zu simpel ist.

Dennoch: Im Grunde genommen brauchen wir für die neuen Bundesländer ein großes, nationales Siedlungsprogramm, um über viele Jahre hinweg ein bis zwei Millionen Menschen zu motivieren, sich in den neuen Bundesländern anzusiedeln, damit Westdeutschland nicht noch weiter übersiedelt wird.

Die 200 000 Rußlanddeutschen, die jährlich noch über eine längere Periode hinweg zu uns kommen, sollten so schnell wie möglich überproportional in Mitteldeutschland angesiedelt werden. Denn es kommen ja noch etwa drei Millionen Rußlanddeutsche zu uns.

Ein wesentliches Instrument für das Siedlungsprogramm? Deutlich niedrigere Lohn- und Einkommensteuern in den neuen Bundesländern, um mit 80 Prozent des westdeutschen Tarifniveaus, der die Unternehmen entlastet, ungefähr gleiche Nettolöhne zu erzielen. Zusammen mit niedrigeren Grundstückspreisen, die es sowieso gibt, die jedoch durch ein noch größeres kommunales Angebot noch günstiger gestaltet werden können, siedelt mancher dann nicht mehr nur im Auftrag seiner Firma hinüber, sondern weil er so doch noch zum eigenen Haus mit Grundstück kommt.

Im Kern geht es darum, aus der Not eine Tugend zu machen mit dem Ziel, die Friedens- und Vereinigungsdividende für alle Deutschen in Ost und West zu realisieren – im Westen durch den Abbau der Übersiedlung, was Grundstückspreise und Mieten stoppen oder gar senken kann, im Osten durch günstige Siedlungsmöglichkeiten, um den mitteldeutschen Aufbau über die Marktkräfte hinaus zu beschleunigen und um in ganz Deutschland die Arbeitslosigkeit zu überwinden.

Verteilungskampf:
Wer bezahlt die Wiedervereinigung?

Am magischen Viereck gemessen, das die wesentlichen Ziele der staatlichen Wirtschaftspolitik markiert, nämlich Wachstum, Vollbeschäftigung, Preisstabilität und außenwirtschaftliches Gleichgewicht, ist unser Problem Nummer eins zweifellos die Massenarbeitslosigkeit. Gleich dahinter rangieren die Schulden der öffentlichen Hand, sinkende Reallöhne sowie der Abbau und Umbau von Sozialleistungen. Alles zusammengenommen ist im Kern wiedervereinigungsbedingt.

Das Rheinisch-Westfälische Institut für Wirtschaftsforschung, RWI, Essen, berichtete hierzu Anfang November 1996: Von jährlich 200 Milliarden Mark, die zwischen 1991 und 1995 in die neuen Bundesländer netto transferiert wurden, entfielen 43 Prozent auf höhere Steuern und Abgaben, 42 Prozent wurden über Kredite finanziert und 15 Prozent durch Ausgabenkürzungen.

In diesem Zusammenhang ist es für eine demokratische Leistungsgesellschaft durchaus normal, daß darüber gestritten wird, ob die unterschiedlichen sozialen Gruppen an den Lasten gerecht oder ungerecht beteiligt werden. Aber die Bundesregierung hat gewiß richtig gehandelt, wenn sie einen erheblichen Teil über Kredite finanziert hat. Der Solidarbeitrag von jährlich 26 Milliarden Mark macht so gesehen nur zwölf Prozent des Transfers aus, aber weil der Bund keine Lohnsteuersenkungen finanzieren konnte, ist der Wiedervereinigungsbeitrag aller Arbeitnehmer und Selbständigen genaugenommen weitaus höher. Hinzu kommt allerdings noch ein äußerst brisanter anderer Vorgang, der bereits aus den achtziger Jahren herrührt. Die Reallöhne sinken nämlich nicht erst seit der deutschen Einheit, sondern ziemlich massiv schon seit 1980. Das bestätigt unmißverständlich die nachstehende Grafik zur Dynamik von Wirtschaftswachstum und Reallöhnen.

In den sechziger Jahren waren die Reallöhne noch eng mit der Dynamik des Bruttoinlandsprodukts verknüpft. Das BIP wuchs real um 46,9 Prozent, die Reallöhne stiegen um 47 Prozent! Es war dann ausgerechnet die »sozialliberale Koalition«, die die

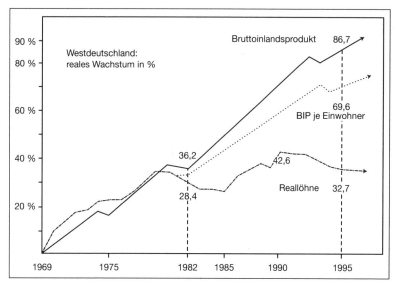

* Eigene Berechnung aus Daten des Bundesamtes für Statistik

Reallöhne vom Wirtschaftswachstum »abkoppelte«; denn zwischen 1969 und 1982 wuchs das BIP real um 36,2 Prozent – die Reallöhne stiegen nur um 28,4 Prozent. Diese negative Entwicklung verstärkte sich allerdings in den achtziger Jahren. Was war geschehen?

In der Ära Willy Brandt hatte es 1970/71 völlig überzogene Tarifabschlüsse zwischen zehn und 16 Prozent gegeben – wir erinnern uns an den ÖTV-Vorsitzenden Heinz Kluncker, an die »Kluncker-Jahre«, die die Reallohnentwicklung über das reale Wirtschaftswachstum hinaus anhoben. Die Grafik zeigt dies deutlich zwischen 1970 und 1975 an.

Doch diese Übertreibung führte nach 1979 zu sinkenden Reallöhnen. So ergab sich in Westdeutschland bereits vor der Wiedervereinigung eine unvertretbare Diskrepanz; denn zwischen 1980 und 1990 hatten wir ein reales Wirtschaftswachstum von 26,1 Prozent, die Reallöhne aber nahmen nur um 6,5 Prozent zu.

Dies alles kam zustande, obwohl die Reallöhne 1986 und 1990 um 4,2 und 4,8 Prozent ganz erheblich angehoben wurden, und zwar durch massive Lohnsteuersenkungen. Auch diesen Vorgang macht die Grafik deutlich. Es hätte folglich noch weiterer großer Lohnsteuersenkungen bedurft, um die Reallöhne wieder an das Wirtschaftswachstum »anzukoppeln«. Doch dafür standen der Bundesregierung von 1991 an nicht mehr die erforderlichen Mittel zur Verfügung. Die nachstehende Übersicht setzt diesen Vorgang, der für alle Arbeitnehmer eine mittlere Katastrophe darstellt, unmißverständlich in Zahlen um.

In 16 Jahren wuchs die Leistung der Volkswirtschaft real um 37,3 Prozent. In der gleichen Periode schrumpften die Reallöhne jedoch zehnmal, fünfmal stiegen sie an, und einmal stagnierten sie, aber das gesamte Plus von 0,7 Prozent war hauchdünn.

Das bedeutet: Am gewachsenen Wohlstand Westdeutschlands in dieser Periode wurden 25,5 Millionen Arbeitnehmer über ihre Arbeit nicht mehr beteiligt. Und dieser Trend war bereits vor der Wiedervereinigung in Gang gekommen.

In harten D-Mark ausgedrückt, liest sich das Arbeitnehmerdilemma etwa so: Die Bruttoeinkommen aus unselbständiger Arbeit wuchsen von 795 Milliarden Mark 1979 auf 1608 Milliarden Mark 1995 an; doch von diesem gewaltigen nominalen Zuwachs kam netto und real beim einzelnen Arbeitnehmer nichts an.

Die Volkswirtschaft zahlte für 25,5 Millionen Arbeitnehmer Bruttoeinkommen in Höhe von 1608 Milliarden Mark. Davon wurden 818 Milliarden als Nettolöhne ausgezahlt, der Staat kas-

Reales Wachstum in Prozent

Jahr	Bruttoinlandsprodukt	Nettolöhne und Gehälter
1980	1,0	0,0
1981	0,1	– 1,7
1982	– 0,9	– 2,0
1983	1,8	– 1,0
1984	2,8	– 0,4
1985	2,0	– 0,4
1986	2,3	4,2!
1987	1,5	1,8
1988	3,7	2,1
1989	3,6	– 0,8
1990	5,7	4,8!
1991	5,0	– 1,0
1992	1,8	0,3
1993	– 1,9	– 0,6
1994	2,2	– 2,8!
1995	1,6	– 1,7
1979–1995	+ 37,3 %	+ 0,7 %

sierte 790 Milliarden ab, 49,1 Prozent vom Bruttoeinkommen. Das waren aber lediglich die direkten Steuern und Abgaben, die jeder auf dem Lohn- und Gehaltsstreifen ablesen kann. Rechnen wir noch die indirekten Steuern hinzu, also Mehrwert-, Mineralöl-, Kfz- und andere Steuern, dann steht bei der gesamten Abgabenlast mit Sicherheit eine 60 vor dem Komma. Das heißt, die Wirtschaft zahlte, der Staat kassierte!

Allen Arbeitnehmern ist seit langem bewußt, daß sie mit Abgaben extrem belastet und außerdem noch überbesteuert sind, mit Renten-, Kranken-, Arbeitslosen- und Pflegeversicherung samt Lohnsteuer und Solidaritätsbeitrag. Dennoch wird das bisher weitgehend hingenommen.

Die meisten sind darüber informiert, daß Dänen, Schweden und Norweger noch höher als wir belastet sind, was einerseits beruhigt. Denn schließlich handelt es sich ausnahmslos um nordeuropäische Länder, die aus germanischer Tradition doch sehr sozial ausgeprägt sind, und wir Deutschen gehören als größtes germanisch geprägtes Volk Europas samt Österreich nun einmal mit dazu. Doch daß der Reallohnzuwachs in den zurückliegenden 16 Jahren praktisch gleich Null war, das schreckt dennoch alle auf. Denn dieser Vorgang geht selbst bei hochgesteckter sozialer Grundeinstellung gefühls- wie verstandesmäßig weit über unser Gerechtigkeitsempfinden hinaus.

Wenn wir darüber hinaus berücksichtigen, daß die Reallöhne sowohl 1996 als auch 1997 im wesentlichen stagnieren, während die Wirtschaftsleistung weiter nach oben geht, so daß die Diskrepanz von Wirtschaftswachstum und Reallöhnen auf Plus 43 : 0 auseinanderläuft, in 18 Jahren wohlgemerkt, dann beweist der Streit zwischen Union und FDP um die minimale Zurücknahme des Solidaritätsbeitrages, daß beide Parteien immer noch nicht begriffen haben, was unbedingt notwendig ist – nämlich ganz massive Lohnsteuersenkungen für das Wahljahr 1998, trotz aller Wiedervereinigungsbelastung!

Oder das ganze Problem noch einmal in der Sprache unserer Sozialpolitiker formuliert: Alle Tarifabschlüsse seit 1980 finanzierten vor allem das soziale Netz, doch Kaufkraft und Lebensstandard der Arbeitnehmer verharrten auf dem Niveau von 1979.

Sind wir eigentlich noch zu retten?
Mehr für Soziales als für Arbeit!

Wenn wir alle Sozialleistungen den Nettolöhnen und -gehältern über einen längeren Zeitraum gegenüberstellen, dann erhalten wir ein historisch getreues Abbild der sozialen Entwicklung unserer Wirtschaft, das sich personenbezogen fast wie ein Krimi liest. 1970 hatten wir Nettolöhne von 239 Milliarden Mark, alle Sozialleistungen zusammengenommen machten 179 Milliarden aus. Damals gab es folglich noch 60 Milliarden Mark mehr für Arbeit als für Soziales. Doch bereits 1984 überstieg das Soziale die Nettolöhne um vier Milliarden, und 1987 waren es schon 17 Milliarden Mark. 1990 gab es den letzten Gleichstand, und zwar durch eine enorme Lohnsteuersenkung in bisher noch nie dagewesenem Umfang. Die Nettolöhne stiegen um 10,7 Prozent oder um sage und schreibe 72 Milliarden Mark. Danach allerdings nahm das Soziale endgültig überhand. 1995 zahlten wir für Soziales fast 200 Milliarden Mark mehr als für Arbeit – allein in Westdeutschland.

Zur Erinnerung: Sozialleistungen sind Leistungen ohne Arbeit! Dazu gehören Renten und Pensionen, Arbeitslosen-, Kranken-, Kinder- und Wohngeld, Stipendien, Sozial- und Arbeitslosenhilfe u. a. Alles in allem haben wir es hier ohne Wenn und Aber mit einer sozialen Übertreibung zu tun, und der Slogan »Leistung muß sich wieder lohnen!« hört sich in diesem Zusammenhang fast wie blanker Hohn an. Jedenfalls wirkt er ziemlich unglaubwürdig.

Eingeleitet wurde dieser überzogene, falsche, negative Trend von der »sozialliberalen Koalition«, die dieser Übertreibung sogar noch ihren Namen zur Verfügung stellte, personifiziert u. a. von Walter Arendt, vormals Vorsitzender der IG Bergbau, unter Willy Brandt Minister für Arbeit und Soziales. Arendt hatte eine Sozialleistungsquote von 26,5 Prozent übernommen und diese in nur fünf Jahren bis auf die Rekordhöhe von 33,9 Prozent angehoben. Er brüstete sich damit in aller Öffentlichkeit als der erfolgreichste Sozialminister, und in der Tat, er hatte mit 40 neuen Sozialgesetzen mehr auf die Schiene gebracht und

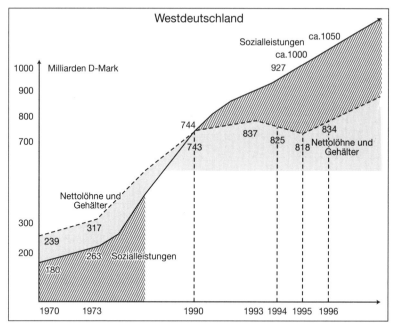

* Statistisches Taschenbuch 1996, Bundesministerium für Arbeit und Sozialordnung, S. 1.14 und 7.1.

verabschiedet als zuvor sämtliche anderen Sozialminister zusammengenommen. Helmut Schmidt jedenfalls berief den »erfolgreichsten Sozialminister aller Zeiten« nicht mehr in sein Kabinett aus eben diesem Grund.

In den achtziger Jahren korrigierte die Bundesregierung die Sozialquote zwar in die richtige Richtung, nämlich deutlich nach unten, aber mit der Wiedervereinigung stieg sie erneut an, und nicht zu übersehen ist der vorher be-

	Sozialleistungen	Nettolöhne* und Gehälter
	in % des Bruttoinlandsprodukts	
1970	26,5	35,4
1975	33,9	35,3
1982	33,4	34,0
1990	30,6	29,9
1995	32,5	26,6

* Statistisches Taschenbuch 1996, Bundesministerium für Arbeit und Sozialordnung; eigene Berechnungen

schriebene Abbau der Nettolohnquote. Diese steht heute dort, wo früher einmal das Soziale stand. Das Soziale aber hat das Gewicht, das früher einmal die Nettolöhne hatten. Doch das dürfte wohl klar sein. Die Sozialleistungsquote muß auf mindestens 30 Prozent zurückgeführt werden, und die Nettolohnquote muß auf mindestens 30 Prozent angehoben werden. Da ein Prozent des westdeutschen Bruttoinlandsprodukts mittlerweile 36 Milliarden Mark ausmachen, verlangt das beim Sozialabbau ein potentielles Volumen von 90 Milliarden Mark. Bei Löhnen und Gehältern aber besteht die Notwendigkeit, die Lohnsteuer um etwa 120 Milliarden zu senken – mindestens wohlgemerkt. Erst dann würde ein Gleichstand von je 30 Prozent des Bruttoinlandsprodukts für Löhne und Soziales wiederhergestellt.

Unsere soziale Übertreibung ist folglich groß und nicht zu bestreiten. Ohne sie wäre unsere Einheit gewiß noch wesentlich leichter zu finanzieren. Sie ist eine Tatsache, und es geht auch keineswegs nur um ein paar Milliarden. Sie ist vielmehr genau zu quantifizieren, sie ist zeitlich gut einzuordnen, und sie kann jenen Parteien und Politikern, die dafür verantwortlich sind, exakt zugeordnet werden. Doch damit nicht genug. Die Art und Weise, wie wir um die Finanzierung der deutschen Einheit streiten, ist absolut niveaulos. Sie hat kein Format, weder persönliches noch nationales, weder im Deutschen Bundestag von seiten der Opposition noch in den Massenmedien seitens linker Journalisten. Denn SPD und Grüne, die ja die deutsche Einheit nicht einmal gemacht hätten, selbst wenn sie dazu aufgefordert worden und in der Lage gewesen wären, etwa Helmut Schmidt, Egon Bahr oder Lafontaine samt Grass und anderen, werden mit ihren Argumenten weder der Größe dieses nationalen Vorgangs noch der Höhe des westdeutschen Opfers auch nur annähernd gerecht. Es handelt sich hierbei nämlich um die größte Hilfe in der Geschichte des deutschen Volkes, die je ein Teil unseres Volkes für den anderen notleidenden Teil aufgebracht hat. Die übergroße Mehrheit der Deutschen weiß das ganz genau, sie ist sich dessen vollauf bewußt, und sie nimmt diese Last, die ja noch keineswegs aufhört zu drücken, ohne groß zu murren hin.

Die Schuld an der Wiedervereinigungslast aber nun ausgerechnet dem Bundeskanzler und Theo Waigel in die Schuhe schieben zu wollen – was ja Frau Matthäus-Maier permanent als finanzpolitische SPD-Sprecherin im Deutschen Bundestag versucht –, genau das ist die Voraussetzung dafür, daß SPD und Grüne die Bundestagswahl 1998 erneut verlieren werden. Denn hätte diese Frau nur ein Fünkchen unseres im Volk tief verwurzelten Fairneßverständnisses, dann müßte sie doch alles andere kritisieren, nur eben nicht die Finanzierung der deutschen Einheit. Das beweist ein Blick zurück auf das Finanzgebaren der SPD in der Ära Willy Brandts und Helmut Schmidts.

Erinnern wir uns deshalb an die haushaltspolitischen Zustände zur Zeit der sozialliberalen Koalition mit zweistelligen Zuwachsraten pro Jahr unter Willy Brandt.

Jahresdurchschnittlicher Zuwachs (nominal)*			
	Willy Brandt 1970–74	Helmut Schmidt 1975–82	Helmut Kohl 1983–89
Bund	10,3	7,8	2,5
Länder und Gemeinden	14,6	6,9	3,4
Sozialversicherung	16,6	8,0	5,5
Bund, Länder, Gemeinden und Sozialversicherung	13,8	7,6	3,5

* Eigene Berechnungen

So sind Brandts und Schmidts Verschwendung und Kohls Sparsamkeit bisher nur selten gegenübergestellt worden, obwohl wir heute wissen, daß genau dadurch Inflation und Massenarbeitslosigkeit zu Beginn der achtziger Jahre herbeigeführt wurden, unter anderem mit Beschäftigungsprogrammen, mit 620 000 zusätzlichen Planstellen im öffentlichen Dienst samt zweistelligen Tarifabschlüssen (fünf Jahre lang von 1970 bis 1974) mit verheerenden Folgen für die Volkswirtschaft. Hier hatte Kohl 1982 ein schweres Erbe übernommen.

Staatsverbrauch		
	Mrd. DM	% BSP
1969	93	15,6
1974	190	19,3
1982	326	20,4
1983	336	20,1
1988	412	19,6
1991	469	18,0
1995	545	17,7

Staatsverbrauch, das ist das, was der Staat für sich selbst verbraucht, also die Personal- und Sachkosten der öffentlichen Hand. Willy Brandt übernahm einen, auch international gesehen, ziemlich geringen Staatsverbrauch von 15,6 Prozent des Bruttosozialprodukts. Helmut Schmidt übergab 20,4 Prozent, was weit überhöht war. Deshalb fehlte auch das Geld für massive Lohnsteuersenkungen. Helmut Kohl aber baute mühsam den überzogenen Staatsverbrauch wieder ab, bis auf derzeit 17,7 Prozent für Westdeutschland. Da ein Prozent 36 Milliarden Mark ausmacht, ist Kohls Sparleistung mühelos nachzuvollziehen. Allein die Differenz zwischen 1982 und 1995 von 2,7 Prozent bedeutet derzeit rund 100 Milliarden Mark weniger Staatsverbrauch – gemessen an der Quote des Staatsverbrauchs Helmut Schmidts!

IV.
Moskau: Der Traum vom »dritten Rom« ist ausgeträumt!

Das letzte Kolonialreich zerfällt

Rußlands Mitgliedschaft ist für die Europäische Union zweifellos mit erheblichen Risiken behaftet, das ist völlig unbestritten, aber auch ohne diese Risiken bleibt es eine gigantische Aufgabe, eine geradezu europäische Herausforderung. Allerdings handelt es sich keineswegs um eine Sisyphusarbeit, die von vornherein zum nie ans Ziel führenden Steinewälzen verurteilt ist. Es ist vielmehr eine reale historische Chance und Aufgabe Europas auf dem Weg zur Großmacht, vergleichbar mit dem antiken Rom, mit dem Fränkischen Reich Karls des Großen oder mit dem Reich Ottos des Großen. Ein absehbares, aber auch überschaubares Risiko ist beispielsweise ein Konflikt Rußlands mit China um den Fernen Osten und Sibirien. Hier stehen kleine wie große Grenzkonflikte mit ziemlicher Sicherheit bevor, die möglicherweise militärisch ausgetragen werden bis hin zum konventionellen Krieg; doch der ist wohl kaum tatsächlich zu befürchten, sondern eher bloß theoretisch denkbar. Streit um die Grenzen am Ussuri gab es schon einmal in den siebziger Jahren, und Aktionen chinesischer Partisanen sind auch durchaus vorstellbar. Mittlerweile siedelten ja bereits eine Million Chinesen über den Ussuri hinweg friedlich in die russische Primorje hinüber, gegen den erklärten Willen Moskaus, das mit seinem Außenminister dagegen in Peking Einspruch einlegte.

Weil die Transsibirische Eisenbahn streckenweise so nahe an der chinesisch-russischen Grenze entlangführt, daß sie immer mal wieder in Reichweite der chinesischen Artillerie vorbeifährt, entschloß sich das kommunistische Politbüro schon frühzeitig unter Breschnew weiter nördlich eine zweite »Transsib« zu bauen. Das geschah unmittelbar nach dem Ussuri-Konflikt in den siebziger Jahren, was immerhin beweist, daß sich nach den Zaren auch die Kommunisten der drohenden Gefahr bewußt waren; das gilt wohl auch für die sich allmählich aus der Präsidialherrschaft herausbildende russische Demokratie. Diese »gelbe Gefahr« war und ist allen Russen seit eh und je vertraut; denn das eigentliche Trauma der Russen waren ja nie die Deutschen oder andere Europäer, sondern in Erinnerung an Hunnen, Mongolen und Tataren immer schon die Chinesen. Seit geraumer Zeit tickt jedenfalls hinter dem mit 25 Millionen Russen nur äußerst dünn besiedelten Raum jenseits des Ural eine »Bevölkerungsbombe« mit beträchtlicher geopolitischer Sprengkraft – nämlich 1,3 Milliarden Chinesen; auf diese wirkt das fast menschenleere asiatische Sibirien wie ein Vakuum, das zwangsläufig zur Auffüllung drängt, verführt oder herausfordert, wie immer wir das nennen.

So gesehen kann es niemals im Interesse der Europäischen Union liegen, durch das russische EU-Mitglied in einen Konflikt mit China hineingezogen zu werden, ganz gleich, ob, wann und wie dieser entsteht.

Umgekehrt ist jedoch ein Konflikt oder Krieg zwischen Chinesen und Russen nicht hundertprozentig vorprogrammiert. Dieser kann ohne weiteres politisch auch vermieden werden, und zwar durch eine konstruktive Lösung – wie die russische EU-Mitgliedschaft, in deren Rahmen Moskau seine asiatischen Regionen in die Unabhängigkeit entläßt. Dies entspräche voll und ganz dem westeuropäischen Interesse an einem Europa vom Atlantik bis zum Ural, dem Rußlands asiatische Gebiete stets im Wege standen. Hier besteht zu China kein Gegensatz; denn Peking fordert die vom zaristischen Rußland geraubten Gebiete bedingungslos zurück und versucht darüber hinaus weitere Territorien hinzuzugewinnen, wie die Äußere Mongolei, Jakutien und andere mittelasiatische Regionen – frei nach dem Motto jeder aufsteigenden Großmacht: »Asien den Asiaten.« Dazu bedarf es nicht einmal eines bewaffneten Konflikts, dafür reicht, wenn es eines Tages so weit ist, eine gut vorbereitete UNO-Resolution voll und ganz aus.

Dazu gehört das überragende, weil letztlich existentielle Interesse Rußlands an der EU-Mitgliedschaft, bei gleichzeitiger

Wahrung seiner asiatischen Besitztümer, die jedoch nur als autonome Republiken Sibirien und Ferner Osten zu halten sein werden, bis diese dann in überschaubarer Zeitspanne vollständig souverän werden. Eines nicht mehr fernen Tages verlassen diese Republiken die Russische Föderation als souveräne Staaten – so wie vormals Australien, Kanada und Neuseeland das britische Mutterland verließen. Fortbestehen wird wegen der russischen Bevölkerung eine Bindung zu Rußland, wie sie noch heute innerhalb des Commonwealth existiert. Aber das Mutterland, Großbritannien, gehört zur EU, die ehemaligen Kolonien gehören zu anderen Kontinenten, obwohl sie sprachlich wie kulturell eng verbunden bleiben und noch für längere Zeit besondere Beziehungen pflegen – fast wie zu einer Schutzmacht.

Das bedeutet: auch das europäische Rußland bleibt Schutzmacht für seine vormaligen Kolonien Ferner Osten und Sibirien.

Was darüber hinaus für Rußland wesentlich ist? Das Eigentum der großen, weltweit operierenden britischen Konzerne wurde nie in Frage gestellt, geschweige denn angetastet, unter anderem weil die vorgenannten Länder friedlich aus dem Kolonialreich ausschieden, aber ausschlaggebend dafür war wohl die Tatsache, daß es sich um private Unternehmen gehandelt hat. Deshalb können die russischen »Multis« nicht einfach nur privatisiert werden, sondern zwischen der Föderation und den autonomen Republiken sind die Eigentumsanteile auszuhandeln. Doch dieses delikate Problem ist heiß umstritten. Als beispielsweise das Volkswagenwerk Anfang der fünfziger Jahre privatisiert wurde und als Aktiengesellschaft an die Börse ging, wurden zuvor Anteile für den Bund und für das Land Niedersachsen ausgehandelt, nur der Rest wurde privatisiert, unter anderem als »Volksaktien«.

Die Moskauer Zentrale hingegen trennt sich nur äußerst mühsam von ihren hundertprozentigen Staatsunternehmen, und die autonomen Republiken erhalten oft nur zu geringe Anteile. Hier haben wir es konkret mit einer Hauptursache für den Tschetschenienkrieg zu tun. Die Moskauer Zentrale hatte die Tschetschenen viel zu gering am riesigen Eigentum der staatlichen Gas- und Ölunternehmen beteiligt, so daß die autonome Republik keinen ausreichenden finanziellen Spielraum bekam. Erst jetzt manipulierten sie gekonnt einige Moskauer Banken und beschafften sich Milliarden Rubel. Von da an waren die Tschetschenen »Kriminelle« und »Banditen«. Doch zurück zur bevorstehenden Ausgliederung der autonomen Republiken jenseits des Ural, für die es zahlreiche Vorbilder gibt.

Frankreich trennte sich von seinen afrikanischen Kolonien, wie von Vietnam, per Krieg, und weil in Algerien Hunderttausende von Franzosen lebten, gelang hier auch nur eine gewaltsame Lostrennung zum beiderseitigen Nachteil. Vietnam wurde geteilt und kam erst über einen mörderischen Krieg wieder zusammen, und zwischen Franzosen und Algeriern blieb unendlich viel Haß zurück. Auf ähnliche Weise trennten sich die Niederländer von Indonesien, die Belgier vom Kongo, Portugal von Angola und Mosambik. Spanien hatte zuvor bereits sämtliche Kolonien in Südamerika, in Asien und Afrika verloren, wie bekanntlich auch Deutschland, Italien und Japan.

Es glaubt doch wohl bei diesen Vorbildern niemand im Ernst daran, daß die Geschichte ausgerechnet um die russischen Kolonien zwischen Ural und Stillem Ozean einen großen Bogen machen wird – ausgenommen die betroffenen Russen selbst.

Wie alle früheren Kolonialherren halten auch sie bis zur letzten Minute an ihren Kolonien fest. Sie sind davon überzeugt, daß ein Leben ohne Kolonien weder ertragbar noch möglich ist, und für Sibirien würden die meisten Russen höchstwahrscheinlich zur Waffe greifen.

Dabei blieben sie bisher mit all den sibirischen Reichtümern bettelarm, weil die Investitionen jenseits des Ural samt den enormen in die Infrastruktur gesteckten die Gewinne aus der sibirischen Rohstofförderung glatt übertrafen. Auch dafür gibt es Vorbilder. Portugal kam als letzter Kolonialstaat zugleich auch als ärmstes Land in die Europäische Union. Es hatte seine Kolonien nicht etwa im marxistischen Sinne nur »ausgebeutet«, sondern das Gegenteil war der Fall. Das Mutterland blieb bei der industriellen Entwicklung genauso zurück wie beim Wohlstand, weil Angola und Mosambik all jene Ressourcen verschlangen, die das kleine Mutterland für die eigene Entwicklung dringend benötigt hätte. So kommen die Portugiesen erst jetzt ohne Kolonien und als EU-Mitglied zu Wohlstand, und so ähnlich wird es den Russen ergehen.

Argumente gegen Rußlands europäische Integration

Gegen Rußlands EU-Mitgliedschaft werden zahlreiche und durchaus auch gravierende Einwände erhoben, die überwiegend aus London, Paris und Warschau stammen. Das Land sei räumlich viel zu groß und viel zu bevölkerungsreich. Da das riesige Territorium bis zum Stillen Ozean reicht, könne Rußland mit seinen unendlichen asiatischen Weiten ohnehin nie europäisch integriert werden, weil das geopolitisch gegen China und Japan niemals durchzusetzen sei. Außerdem habe der asiatische Despotismus, dem die Russen unter Mongolen wie Tataren jahrhundertelang ausgesetzt waren, irreparable Spuren hinterlassen, in der russischen Mentalität wie im äußeren Erscheinungsbild, so daß die Russen eigentlich gar keine richtigen Europäer mehr seien. Derartiges stammt meist aus Polen. Rußland sei zudem wirtschaftlich noch so rückständig, daß seine EU-Mitgliedschaft nicht zu finanzieren sei. In diesem Zusammenhang gibt es bereits Widerstand von den Südeuropäern; denn die lassen sich ja jetzt schon die kleine Osterweiterung nur gegen zusätzliche Unterstützungen abkaufen. Sie fürchten, daß ihre bisherigen Subventionen bereits durch die kleine Osterweiterung teilweise gefährdet sind oder ganz in Frage gestellt werden.

Und nicht zuletzt werden immer wieder auch historisch begründete Hindernisse aufgebaut. Rußland habe weder zum Römischen Reich noch zum Fränkischen Reich Karls des Großen gehört. Beide Weltreiche waren westeuropäisch verankert und geprägt, dabei solte es bleiben; denn die Europäische Union hat, ideengeschichtlich betrachtet, rein westeuropäische Wurzeln. Die kleine Osterweiterung hingegen sei ohne weiteres vertretbar; denn Polen wie Tschechen und Slowaken oder Ungarn waren bekanntlich schon vom deutschen König und römischen Kaiser Otto III. in seine Politik der renovatio imperii romanorum eingebunden worden. Auch dieses Argument kommt aus Polen.

Rußland hingegen hat nie so richtig zu Europa gehört, und auch sonst nicht den geringsten Beitrag zur europäischen Ideengeschichte geleistet – abgesehen vielleicht davon, daß es mit dem Scheitern der kommunistischen Sowjetunion den Beweis erbrachte, daß der Marxismus-Leninismus eine »Irrlehre« gewesen sein muß.

Die Ablehnung Rußlands geht so weit, daß sogar in der vierten Dimension, also mit gekrümmter Linie, hinterrücks argumentiert wird, wie etwa so: Wenn Rußland in die EU kommt, dann würde das europäische Schwergewicht von Westeuropa, sprich von Paris, Straßburg, Brüssel und Luxemburg, zur Mitte hin verschoben, also nach Berlin. Die Deutschen würden zwangsläufig am meisten gewinnen, wenn die Russen dazukämen, möglicherweise sogar bis zur Dominanz der deutschen Sprache in der Europäischen Union. Dieses Argument, das sich ja eigentlich gar nicht gegen Rußland, sondern einwandfrei gegen Deutschland richtet, ist, genaugenommen, total antieuropäisch, wie das meiste, was gegen die Russen vorgebracht wird. Könnte es deshalb nicht sein, daß es den Gegnern eines europäischen Rußlands letztlich nicht so sehr darum geht, die Russen abzuweisen, sondern mehr darum, den wachsenden Einfluß Deutschlands zu begrenzen?

Aber richtig ist zweifellos: Die Achse Paris–Berlin würde mit Sicherheit bis nach Moskau hin verlängert, und zwar allein schon deshalb, weil die Russen, wenn sie denn kommen, ohne große Umschweife darangehen werden, das Schicksal des Kontinents mitzugestalten. Aber nicht nur das. Jede Achse hat, geopolitisch gesehen, einen Dreh- und Angelpunkt, der nachweislich in der Mitte liegt, und das wäre in der Tat dann Berlin.

Europas Schicksal würde dann mit Sicherheit weniger westeuropäisch oder osteuropäisch bestimmt, sondern, wiederum geopolitisch gesehen, entscheidend von der Mitte aus geprägt. Mit ein bißchen Einfühlungsvermögen könnten Franzosen wie

Polen genauso zur Mitte gehören wie etwa Österreicher und Niederländer, ja sogar die Norditaliener, die sich der Mitte Europas weit mehr zugehörig fühlen als etwa Sizilien. Doch diese geopolitischen »Denkschablonen«, die zweifellos noch existieren, sind ja wohl längst überholt und absolut unbrauchbar, wenn es um das neue, moderne Europa geht. Denn in der EU bestimmen eben nicht einzelne Nationen, Völker oder Regionen, sondern ständig wechselnde demokratische Mehrheiten. Die Angst vor einem übermächtigen Deutschland, die ständig neu geschürt wird, ist folglich, wie die Zurückweisung Rußlands, die ganz massiv propagiert wird, nichts anderes als undemokratisches, antieuropäisches Gedankengut. Die Väter dieser Argumente stammen aus der nationalen Provinz des 19. Jahrhunderts, und ihre Mutter ist die Ideenlosigkeit. Sachlich berechtigt ist allein der schwerwiegende wirtschaftlich-finanzielle Einwand gegen die derzeitige Integration Rußlands, doch der fällt genauso gegen die frühzeitige Aufnahme der Visegrád-Staaten ins Gewicht, weil auch dafür kein Geld vorhanden ist.

Nun gut, Rußlands Einbeziehung in die Europäische Union wäre so oder so niemals einfach, sondern in jedem Falle kompliziert. Andererseits bringt aber die russische Einbindung für alle Beteiligten so große, ja sogar extrem große Vorteile, daß das Für und Wider gründlich erörtert werden sollte, und zwar vor allem unter langfristigen, strategischen Gesichtspunkten.

Die Gegner einer russischen EU-Mitgliedschaft bringen viele, aber teilweise wenig überzeugende Argumente ins Spiel, darunter meist immer die 147 Millionen Einwohner. Deren Überzahl sei eben doch ziemlich bedrohlich. Aber das ist doch wohl sehr französisch gedacht. Paris empfand auch früher schon die wiedervereinigten über 80 Millionen Deutschen als übergroß, während 60 Millionen Westdeutsche das französische Selbstbewußtsein weniger strapazierten.

Doch so gesehen müßten alle kleineren Westeuropäer auch die 58 Millionen Franzosen als übermächtig empfinden, aber sie tun dies natürlich nicht. Die Holländer interessieren sich für die französische »Überzahl« genausowenig wie aus zahlenmäßigen Gründen für eine Wiedervereinigung mit den Flamen. Es dürfte doch wohl klar sein, daß derartige Denkkategorien ins 19. Jahrhundert gehören. Für das 21. Jahrhundert, das Europa zwar friedlich, dennoch aber unvermeidlich mit zwei Milliarden Ostasiaten unter Japans und Chinas Führung konfrontiert, ist jedenfalls ein einwohnerstarkes Deutschland für Europa genauso von Vorteil wie die große Zahl von Russen.

Die jetzt schon diskutierte Erweiterung der EU von 15 auf 25 Mitglieder, also die Visegrád-Staaten plus Rumänien, Bulgarien und Slowenien und die drei baltischen Republiken, erhöht die Einwohnerzahl sowieso beträchtlich. Norweger und Schweizer hinzugerechnet, die eines Tages doch dazugehören, wird die EU damit 500 Millionen Einwohner bekommen, und zwar bereits in absehbarer Zeit. Russen mit Weißrussen und Ukrainern machen 210 Millionen aus. Nehmen wir noch Kroaten und, auf lange Sicht gesehen, auch Serben, Albaner und Makedonier hinzu, die sich mit Türken und Kaukasiern auf 100 Millionen addieren, dann könnte die Gemeinschaft aller europäischen Völker gewiß einmal 800 Millionen Einwohner umfassen – mindestens wohlgemerkt. Auf jeden Fall relativieren sich dann, was die Zahl betrifft, Holländer und Deutsche oder Franzosen und Russen sowieso.

Das nächste Argument gegen Rußlands EU-Mitgliedschaft betrifft Europas Grenzen. Dazu meinte Henry Kissinger einmal, man müsse Rußland klar sagen, daß der Bug in Ostpolen die Grenze Europas ist, und Prof. Bronislaw Geremek, vom SEJM, Foreign Affairs Committee, Warschau, möchte als Pole die Russen gleichfalls von der EU fernhalten: »Der Europäischen Union und der NATO kann Rußland sicher nicht angehören – ein Land, dessen wirtschaftliches und demografisches Potential alle anderen Länder in Europa übersteigt und dessen politische Intentionen weit über Europa hinausreichen.«[1] Er muß wohl völlig übersehen haben, daß dieses Argument nicht nur haargenau, sondern noch mehr auf Deutschland zutrifft.

---

[1] Bergedorfer Gesprächskreis, Europa – wo liegen seine Grenzen? Protokoll Nr. 104. 1995, S. 12

Die nachfolgende Auffassung gibt gewiß nicht die amtliche Meinung der Pariser Regierung wieder, aber sie ist eine Ablehnung, der eben doch französische Sorgen zugrunde liegen, formuliert von Prof. Jean-Clauce Casanova in der »Revue Commentaire«, Paris: »Was Rußland angeht, so ist die Sache klar. Das Wort General de Gaulles von einem ›Europa vom Atlantik bis zum Ural‹ machte niemals Sinn. Rußland reicht bis Wladiwostok. Warum sollte sich der Teil jenseits des Ural, in dem weitgehend Slawen leben, abspalten? Das Land ist europäisch durch sein Volk und seine Kultur, asiatisch nur zu einem Teil seines Gebiets. Es ist jedoch zu groß und zu mächtig, um Teil der Europäischen Union zu werden. Die würde dann entstellt, aus dem Gleichgewicht gebracht und schließlich zerfallen.«[1] Bei der gleichen Veranstaltung referierte übrigens Wolfgang Schäuble zur »Verfassung Europas«, der die Russen nicht ausklammerte, weil er weiß, wie engagiert Helmut Kohl bereits Boris Jelzin für Europa gewinnen will.

Doch damit erschöpfen sich die Argumente gegen Rußland noch lange nicht. Frei nach dem Sprichwort, die Katze läßt das Mausen nicht, unterstellen besonders die Polen, daß selbst die demokratischen Russen, wenn sie denn mehrheitlich demokratiefähig werden, kaum ihre imperialen Gewohnheiten ablegen, und die Russen selbst tun wenig, um diese Ängste bei den Nachbarn abzubauen. Bei den Balten gehen diese Ängste um, und selbstverständlich auch bei den Ukrainern. Alle nichtrussischen autonomen Völker sind davon absolut überzeugt, und Tschetschenien hat diese Befürchtungen eindrucksvoll bestätigt. Allerdings nicht ganz; denn in einigen Jahren dürfen die Tschetschenen über ihre Zukunft selbst entscheiden.

Immer wieder klären uns die Polen darüber auf, daß in Rußland seit eh und je zwei völlig gegensätzliche politische Richtungen miteinander streiten, die Prof. Geremek so definiert: »Erstens die eurasische Option, die der slawophilen Tradition entspringt und die die Andersartigkeit Rußlands in seinem Ver-

---

[1] Bergedorfer Gesprächskreis, Die Verfassung Europas, Protokoll Nr. 103. 1995, S. 17

hältnis sowohl zu Europa als auch zu Asien betont. In diesem Zusammenhang heißt es, Rußland dürfe sich nicht in die europäischen Strukturen einsperren lassen. Die zweite Option entspricht der Tradition der Westorientierung der ›zapadniki‹ (Westler) in Rußland. Dabei geht es entweder um Demokratie und Modernisierung oder aber um ein Szenario russischer Hegemonie in Europa und nicht in Asien. Die Westorientierung kann also auch in der Überzeugung wurzeln, daß es Rußlands Mission sei, die Herrschaft über Europa zu erringen.«[1]

Nicht zuletzt fürchtet deshalb mancher, daß sich Moskau Weißrussen, Ukrainer und Kasachen eines Tages wieder einverleibt, selbst unter demokratischen Verhältnissen, um mit 230 Millionen Einwohnern einen politisch-kulturellen und wirtschaftlich-militärischen Gegenpol zu Westeuropa aufzubauen. Manche Westeuropäer wünschen das sogar; denn dann hätte Brüssel kaum mehr Sorgen um finanzielle Lasten für eine weiter reichende EU-Osterweiterung.

Marschall Gratschow und der dritte Weltkrieg

Seit Beginn des brutalen, höchst überflüssigen Tschetschenienkriegs, den Rußland schließlich nicht einmal gewinnen konnte, hatten die Einheiten der Roten Armee vom ersten Tag an größte Mühe, sich durchzusetzen und Grosny zu erobern. Während alle Welt erwartet hatte, daß das in wenigen Tagen zu schaffen sein müßte, leisteten die tschetschenischen Freiheitskämpfer, von unseren Medien anfangs nach russischer Sprachregelung noch »Banditen« genannt, einen so unerwartet hartnäckigen Widerstand, daß die Welt staunend aufmerksam wurde. Über die Kampfkraft der russischen Einheiten wurde gerätselt, spekuliert, und schließlich meldete sich der damalige russische Verteidigungsminister, Marschall Gratschow, mit geradezu abenteuerlichen Feststellungen selbst noch zu Wort. Er warf damit alle bis dahin aufgestauten westlichen Erwartungen zum Ende des Ost-

---

[1] Prof. Geremek, ebenda, S. 11

West-Konflikts abrupt über den Haufen, und konfrontierte uns mit der russischen Variante vom ewigen Weltfrieden sinngemäß etwa so: Da der dritte Weltkrieg noch in weiter Ferne liege, müsse sich die Rote Armee bis dahin auf Bürgerkrieg und Häuserkampf einstellen, und da Benzinmotoren leicht in Flammen aufgehen, wie der Kampf um jedes einzelne Haus lehrte, benötige er zunächst einmal Panzer mit Dieselmotoren, die nicht so leicht brennen.

Abgesehen davon, daß ihm Jelzin umgehend mehr Panzer zusagte sowie generell wieder höhere Rüstungsleistungen, überraschte und verblüffte uns das als Durchschnittseuropäer gleich in mehrfacher Hinsicht, denn wir haben ja größte Mühe, uns vorzustellen, wer denn für die westlichen Industrienationen als ernstzunehmender Gegner für einen dritten Weltkrieg überhaupt in Frage kommen könnte – und der kann eigentlich nur von allen guten Geistern verlassen oder verrückt sein.

Der völlig überraschte, staunende und naive Mitteleuropäer fragte sich nämlich verwundert:

- Wieso redet Gratschow fast so abenteuerlich wie Schirinowski, den die westlichen Medien ja ohne zu zögern als ziemlich verrückt eingestuft haben?
- Warum hat die »große, mächtige Sowjetunion« vor einigen Jahren den dritten Weltkrieg dann überhaupt ausgelassen, wenn der auf Rußland irgendwann sowieso noch einmal zukommt?
- Wie stellt sich so ein russischer Verteidigungsminister die Welt der Zukunft vor, wenn Rußland, auf sich allein gestellt, nicht nur gegen die NATO, sondern auch noch gegen Chinesen und Osteuropäer antreten muß, genaugenommen sogar noch gegen seine eigenen autonomen Nichtrussen innerhalb der Föderation, von denen es immerhin 28 Millionen gibt. Denn es waren nichtrussische Soldaten, die die tschetschenischen Freischärler am Ende nachts problemlos zu Tausenden nach Grosny einsickern ließen.
- Nun gut, vielleicht imponiert und gefällt dem General die alte Losung des Georg v. Frundsberg »Viel Feind, viel Ehr!«, und er hält sie wohl auch noch im Industriezeitalter für an-

wendbar. Aber wie dem auch sei: Was erwarten und versprechen sich solche Leute eigentlich überhaupt noch vom Militärischen, von militärischen Lösungen politischer Probleme?
- Oder waren des Marschalls markige Worte von vornherein niemals für die Öffentlichkeit bestimmt, sondern nur an die eigenen Soldaten gerichtet, vielleicht gar noch an sich selbst zur Erklärung für gescheiterte Angriffe mit leicht brennbaren Panzern?
- Der nachdenkliche Mitteleuropäer fragt sich in diesem Zusammenhang nämlich auch noch folgendes: Da Panzer schon im Häuserkampf kein ideales Kampfmittel sind, dennoch aber rücksichtslos eingesetzt wurden, wie weit wäre denn dann die Rote Armee beim Angriff auf die NATO gekommen – mit ihren vielen leicht brennbaren T 70 und T 80 im mörderischen Kampf mit dem deutschen Leopard II, amerikanischen Jagdbombern vom Typ »Thunderbolt« und französischen Kampfhubschraubern?
- Wenn die Sowjetunion aber den dritten Weltkrieg ausfallen ließ, obwohl sie zuletzt 250 Milliarden Dollar für die Rüstung aufbrachte, und zwar mit äußerster Anstrengung, während das demokratische Rußland nur 22 Milliarden Dollar aufbringt – was glaubt der Marschall eigentlich, wann und wie das ausgemergelte, ökonomisch rückständige Rußland jemals wieder auch nur in die Nähe jenes Rüstungsaufwands kommen könnte, der für einen dritten Weltkrieg ausreichend wäre?
- Und außerdem wissen ja mittlerweile sogar Zivilisten, daß ein dritter Weltkrieg weder atomar noch konventionell zu führen, geschweige denn zu gewinnen ist.
- Wie stellt sich die russische Generalität eigentlich Rußlands Zukunft vor, und welchen außermilitärischen Informationsgrad besitzt sie letztendlich? Kennen die Marschälle den desolaten Zustand des eigenen Landes wirklich voll und ganz, der sich zusammengefaßt in rückläufigen Geburtenraten, sinkender Lebenserwartung und Einwohnerzahl niederschlägt bis hin zu einem Vorgang, der alles bisher bekannte Elend noch auf die Spitze treibt: »Das Erbgut eines Teils der Russen ist bereits zerstört!« So lautet der Kernsatz eines Gutachtens

an Präsident Jelzin. Glaubt denn die politische wie militärische Führung des heutigen Rußlands selbst noch daran, daß Rußland sich jemals wieder mit den westlichen Industrienationen militärisch anlegen kann – oder versucht sie uns nur zu bluffen, weil sie weiß, daß wir, wider besseres Wissen, immer wieder auf Moskauer »Tataren-Meldungen« hereinfallen?

- Ist sich die politische Elite Moskaus wirklich nicht bewußt, wie chancen- und erfolglos jede russische Politik künftig geradezu zwangsläufig bleiben muß, wenn sie sich gegen alle geschichtlichen Erfahrungen richtet, was Kolonialreiche, deren Nutzen, aber auch deren Dauer und unvermeidlichen Zerfall betrifft?

Momentan ist Rußland zweifellos nicht einmal annähernd EU-fähig. Darin sind sich wohl alle Experten einig. Das Land befindet sich nach mehrjährigen Reformen, die weitgehend ohne sichtbare Erfolge blieben, in einer schwierigen Situation. Der Lebensstandard liegt 40 Prozent unter dem kommunistischen Niveau. Das offizielle Existenzminimum liegt bei 105 Mark, womit ein Viertel aller Russen auskommen muß. Das Durchschnittseinkommen beträgt 210 DM, alle Spurguthaben gingen verloren, so Rußlands Vizepremier Iljuschin. Die meisten hoffen nicht einmal mehr auf die Zukunft. Damit ist das Schlimmste eingetreten, das nach dem Ende des Kommunismus nicht einmal die größten Pessimisten vorausgesagt hatten. Der russische Präsident charakterisierte den Zustand des Landes schon einige Male als chaotisch, und zuletzt, im September 1996, zeichnete Sicherheitsberater Alexander Lebed ein noch düsteres Bild. »Das Land steht an einem gefährlichen Abgrund«, sagte er, »davon müssen wir weg. Es ist jetzt nicht der richtige Moment für Kämpfe.«[1] Zugleich verlangte er mehr Geld für die Streitkräfte, allerdings nicht, um aufzurüsten, wie zuvor Gratschow, sondern um Hunger und Not in der Armee zu lindern. In diesem Zusammenhang warnte er sogar vor einer Meuterei, womit er seinen Widersachern im Kampf um die Präsidentennachfolge

---

[1] dpa-Meldung, 14. Oktober 1996

ziemlich unverblümt signalisierte, daß er notfalls die Streitkräfte gegen sie einsetzen würde. Vor diesem Hintergrund ist Rußland weder ökonomisch noch politisch imstande, der Europäischen Union beizutreten. Falls Rußland also einen derartigen Antrag vorlegen würde, müßten die europäischen Parlamentarier diesen zweifellos zurückweisen.

Im Oktober 1996 löste Jelzin General Lebed als Sicherheitsberater ab. Er habe zu wenig Regierungserfahrung, könne mit anderen Ministern nicht zusammenarbeiten, und – das wird wohl entscheidend gewesen sein – er habe permanent Wahlkampf um seine, Jelzins, Nachfolge geführt! Das war Machtkampf, wie wir ihn in Moskau nun schon seit Gorbatschows Zeiten kennen, wie er aber auch in westlichen Demokratien existiert. Der einzige Unterschied? In Westeuropa haben selbst Machtkämpfe ein demokratisches Umfeld, in Moskau mischt stets das Militär mit. Deshalb hat Rußland bis auf weiteres zwei Varianten: Halbwegs demokratische Präsidentschaftswahlen oder die Armee putscht! Der nächste Präsident Rußlands könnte deshalb auch ein General sein, der Lebed heißt. Nur eines ändert sich nicht, sondern bleibt so oder so: Armut und Geldmangel! Die Aufgabe für den neuen Präsidenten ist deshalb schon jetzt relativ leicht zu formulieren, nämlich demokratische und wirtschaftliche Reformen gegen die kommunistische und nationalistische Mehrheit des Parlaments durchsetzen und – Kampf gegen die Armut. Die wichtigste Voraussetzung dafür? Lebed muß auf Biegen und Brechen bis zur nächsten Präsidentenwahl überleben. Er wird Anschlägen und Attentaten ausgesetzt sein, denen er sich entziehen muß. Dafür bringt er allerdings als General der Fallschirmjäger sämtliche Voraussetzungen mit – wie sonst kein anderer. Er strotzt vor Kraft und Selbstbewußtsein. Eines aber wird unausweichlich, für Jelzin wie für Lebed: Der Kampf gegen die Armut und der Verzicht auf das Imperium.

Das Land kann weder seine Armee noch den öffentlichen Dienst, weder die Auslandsschulden noch die Renten bezahlen! Im günstigsten Fall bleibt es bei einer halbdemokratischen Präsidialherrschaft wie jetzt unter Jelzin; wenn jedoch die

Armee putscht, übernimmt sie auch die ganze Macht. Rußland bekommt in diesem Fall eine klassische Militärdiktatur, wie vormals in Argentinien, Spanien oder in Südkorea, weil Armut und Chaos, Bürgerkriege, Korruption und Mafia anders nicht mehr zu überwinden sind. Damit wäre Rußland am Tiefpunkt angekommen – und Lebed im Präsidentenamt.

Doch von Lebed abgesehen. Ganz nüchtern betrachtet ist Rußlands Zukunft auch mit Jelzin gewährleistet. Nach gelungener Herzoperation ist er gesünder als vorher. Damit bleibt er noch vier Jahre im Amt und tritt womöglich auch noch zur nächsten Präsidentschaftswahl an. Damit bliebe er noch lange Rußlands erster demokratischer Präsident, der nicht nur die Kommunisten unter Gorbatschow wegputschte und diesen entmachtete, schließlich vertrieb er die Kommunisten noch ein zweites Mal mit Hilfe der Armee aus dem Präsidentenpalais, als diese ihn stürzen wollten. Er hat sich von Beginn auf die Armee gestützt und so wohl auch verhindert, daß sie gegen ihn putscht. Er ist der Exponent des demokratischen Wandels, der gegen eine rot-braune Mehrheit steht. Wenn er folglich die Generalität überzeugt, kann er Rußlands Weichen in Richtung EU und ESO stellen.

Die vorzeitige EU-Aufnahme der vier Visegrád-Staaten würde dabei Rußlands Annäherung an Europa nachhaltig behindern. Dies würden weder die Russen noch alle übrigen Osteuropäer verstehen. Denn sie bekommen dadurch zu all ihren anderen Problemen auch noch höchst überflüssigerweise bestätigt, daß sie letztlich doch zweitrangig sind. Vor allem die Russen sind sich ihres europäischen Gewichts wie auch ihrer strategischen Bedeutung für die EU voll und ganz bewußt.

Wenn wir bedenken, daß selbst die kleine Osterweiterung momentan nicht finanziert werden kann, daß der Euro alle Westeuropäer voll und ganz finanziell herausfordert, daß die Süderweiterung noch gefördert werden muß, und die NATO-Osterweiterung von der Sache her nicht gerechtfertigt ist, dann kommen so viele Faktoren zusammen, die für die Visegrád-Staaten eine gewisse Verzögerung sogar extrem vernünftig machen –

und zwar nach dem Motto: Zwar etwas später, aber dann einschließlich Rußlands sowie mit wirkungsvollerer Hilfe durch Bankkredite mit extrem niedrigen Zinsen und langen Laufzeiten.

Wo liegen die Grenzen Europas?

Ich erwarte deshalb nicht, daß Rußland beim Übergang zu Demokratie und Marktwirtschaft auf Dauer scheitern muß und deshalb von der Europäischen Union für alle Zeiten auszuschließen ist. Zum einen ist für Europa selbst die fortwährende Teilung unseres Kontinents weder erstrebenswert noch vorteilhaft, sondern allein schon militärisch höchst unnötig und viel zu teuer. Zum anderen hat auch Rußland für sich genommen keine echte Alternative mehr zur Europäischen Union, weil es sich selbst als eurasischer Kontinent im globalen Wettbewerb allein nicht mehr erfolgreich behaupten kann. Die Zeit ist folglich reif für entsprechende Absichtserklärungen, und zwar von beiden Seiten.

Der Weg, den Rußland bis zum EU-Beitritt zurücklegen muß, ist ohnehin nicht einfach und kurz, sondern eher schwierig und lang, so daß eine russische Integration überhaupt nur in Phasen und Etappen vorstellbar ist, die sich über rund zehn Jahre hinziehen. Diese Übergangsperiode kann kürzer ausfallen, wenn beide Seiten engagiert und motiviert aufeinander zugehen. Hier müssen alle westeuropäischen Länder handeln und helfen, vor allem personell, um Rußland, wie bereits dargelegt, vor allem föderal funktionstüchtig zu machen. Diese Übergangsperiode kann jedoch auch länger dauern, wenn beide Seiten zögern, unentschlossen bleiben oder, wie mit der NATO-Osterweiterung, Rußlands Integration gar bremsen oder abblocken. Auf jeden Fall wäre es für Brüssel wie für Moskau durchaus hilfreich, sich daran zu erinnern, welchen Abstieg Osteuropa und Rußland hinter sich haben; denn es gibt auf beiden Seiten immer noch genügend Illusionisten, die für Rußland selbst jetzt noch eine Großmachtposition für möglich oder gar für notwendig halten.

Das Weltwirtschaftsparallelogramm von 1970 erinnert uns daran, wie das globale Wirtschaftspotential früher einmal verteilt war, als die Frage, wer wen besiegen wird, zwischen Kapitalismus und Kommunismus noch nicht entschieden war. Die Welt befand sich kurz vor dem eigentlichen Höhepunkt des Ost-West-Konflikts, und die seinerzeit dreifache westliche Überlegenheit, die Amerika und Europa rein ökonomisch in die Waagschale warfen, wurde im Osten nur noch teilweise durch Konsumverzicht ausgeglichen, so daß sich NATO und Warschauer Pakt jahrzehntelang im militärischen Patt gegenüberstanden. Aus den Fugen geriet diese äußerst gefährliche Konstellation erst von dem Moment an, als die USA unter Ronald Reagan die gewaltige sowjetische Hochrüstung zu Beginn der achtziger Jahre mit einer noch höheren Nachrüstung beantworteten, so daß die Sowjetunion, rein wirtschaftlich betrachtet, nicht mehr mithalten konnte. Ronald Reagan hatte mit der höchsten westlichen Rüstungsquote überhaupt von mehr als sieben Prozent des Bruttosozialprodukts mit über 300 Milliarden Rüstungs-Dollar pro Jahr die russischen Kommunisten zum Aufgeben und zum Rückzug gezwungen. Gorbatschow mußte einlenken, und Jelzin putschte 1991 den Kommunismus endgültig weg.

Dessen sollten wir uns auch jetzt noch bewußt sein: Die Auseinandersetzung mit dem Marxismus, der vorgab, die bessere ökonomische Konzeption für alle Arbeitnehmer zu besitzen, wurde ohne einen Schuß Pulver, nämlich rein wirtschaftlich, entschieden.

Weltwirtschaftsparallelogramm 1970 (Anteile an der Weltwirtschaft)	
Westeuropa 26 %	Osteuropa 18 %
30 % Nordamerika	12 % Ostasien

Aber erwähnenswert bleibt dennoch der osteuropäische Anteil am Weltwirtschaftspotential von 18 Prozent! Er signalisiert nämlich der Europäischen Union, welches osteuropäische Potential künftig zuwachsen kann, wenn wir alle Osteuropäer integrieren und über einen längeren Zeitraum an den westeuropäischen Standard heranführen.

Das ökonomische Kräftedreieck von 1995 wiederum macht deutlich, daß ganz Osteuropa einschließlich Rußlands kein wirtschaftliches Gewicht mehr besitzt für eine eigenständige politische Konzeption und Organisation. Das westeuropäische Potential dominiert vor der NAFTA und vor der ASEAN so eindeutig, daß für den minimalen osteuropäischen Anteil von drei Prozent im Weltwirtschaftsdreieck buchstäblich kein Platz mehr bleibt. Selbst wenn es in Osteuropa zu einer gewissen Erholung kommt, ist ein ins Gewicht fallender Weltanteil nicht mehr erreichbar. Jeder Versuch, eine wie auch immer geartete separate osteuropäische Organisation wiederherzustellen oder neu zu begründen, die sich neben der Europäischen Union, neben NAFTA und ASEAN im globalen Wettbewerb politisch wie wirtschaftlich erfolgreich behaupten kann – denn nur darum geht es schließlich –, muß im Grunde genommen scheitern, und zwar von vornherein, ohne jedweden Nutzen für alle beteiligten Völker! Selbst wenn zusätzlich noch militärische Gesichtspunkte einbezogen werden, weil die für die Russen nun einmal noch ins Gewicht fallen, macht das Ganze keinen Sinn. Die Zukunft von Ländern ist gewiß niemals leicht und schon gar nicht absolut fehlerfrei vorauszusagen. Niemand kann heute Rußlands Schicksal exakt voraussagen, ob die Föderation auseinanderfällt oder zusammengehalten werden kann. Selbst ein beeindrucken-

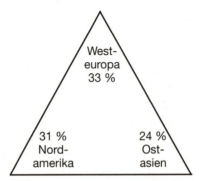

Ökonomisches Kräfte-Dreieck 1995

Westeuropa 33 %

31 % Nordamerika

24 % Ostasien

Osteuropas Weltanteil schrumpfte auf 3 %

der wirtschaftlicher Aufschwung aus eigener Kraft kann nicht völlig ausgeschlossen werden. Wenn 1945 Japans und Deutschlands Aufstieg zur zweit- und drittgrößten Industrienation vorausgesagt worden wäre, so wäre das doch sehr unglaubwürdig erschienen, und genauso der sowjetische Aufstieg von 1920 bis 1940 in 20 Jahren zur Großmacht. Aber Deutschlands, Japans und Rußlands Aufstieg zu Großmächten zwischen beiden Weltkriegen war doch wohl nur vor dem Hintergrund einer fast totalen wirtschaftlichen Stagnation aller drei Weltkriegs-Siegermächte vorstellbar, denn die amerikanische Wirtschaftsleistung lag 1939 bei Kriegsausbruch um 40 Prozent unter dem Niveau von 1928.

Jetzt hingegen entwickeln sich alle westlichen Industrienationen, alle ostasiatischen Länder einschließlich Chinas, ja sogar Südamerika, so vehement, daß alle Osteuropäer Mühe haben, überhaupt noch mitzuhalten, geschweige denn aufzuholen, so daß weder Osteuropa insgesamt noch Rußland für sich genommen eine Alternative zur Europäischen Union haben.

Wenn wir weiterhin berücksichtigen, daß von 42 europäischen Ländern erst 15 der EU angehören, dann ist leicht zu verstehen, wie groß die europäische Aufgabe noch ist, die vor uns liegt. Die amerikanische wie auch die ostasiatische Herausforderung bestätigen uns außerdem fast täglich: Wir haben für die Vollendung der Einheit Europas nicht mehr unbegrenzt Zeit! Das beweist ein Blick auf die europäische Staatenvielfalt mit ihren 815 Millionen Einwohnern. Und jährlich kommen mehrere Millionen dazu!

Wie sich die Europäische Union bisher entwickelt hat, sehen Sie in der Tabelle auf Seite 146.

Bisher erweiterte sich die Europäische Union nach dem Motto: Sechs plus drei gleich neun, plus eins gleich zehn, plus zwei gleich zwölf, plus drei gleich 15! Nach sechs Basisländern kamen folglich neun hinzu, und zwar in 17 Jahren. Wenn wir dieses Tempo beibehalten, vollenden wir Europas Einheit im Jahr 2050, weil in der Warteschlange ja noch 27 Staaten anstehen, mindestens, wohlgemerkt.

1958	1973	1981	1986	1995	2002
Deutschland	Großbritan-	Griechen-	Spanien	Österreich	Polen
Frankreich	nien	land	Portugal	Finnland	Ungarn
Italien	Irland			Schweden	Slowakei
Niederlande	Dänemark				Tschechei
Belgien					
Luxemburg					Litauen
					Lettland
					Estland
					Slowenien
					Bulgarien
					Rumänien

Am russischen Wesen wird die Welt nicht mehr genesen

Vor diesem Hintergrund war die brutale Invasion Tschetscheniens nicht etwa nur ein Fehler Jelzins, der unter dem Druck des Militärs zustande kam, sondern dieser Vorgang bestätigte nur wieder einmal, daß die historisch überlieferte russische Mentalität selbst im Industriezeitalter noch fortbesteht:

Neben den gleichfalls normannisch aufgefrischten Angelsachsen, die noch kürzlich ein Viertel der Erde beherrschten, sind die Russen, die bis vor wenigen Jahren noch ein Sechstel der Erde besaßen, die größten Landräuber der Weltgeschichte. Es gibt nicht wenige Historiker, die die vormals weltumspannenden Eroberungen Großbritanniens rundweg auf den noch nachwirkenden normannischen Eroberungsdrang reduzierten – und den Russen steckt nun einmal die Eroberungslust ihrer Vorfahren gleichfalls noch im Blut. Denn daß sie »friedliche Slawen« sind, beruhte von Anfang an lediglich auf einer heiligen, frommen Sage, die sich immer mehr genauso als Irrlehre entpuppt wie bekanntlich auch der Marxismus. In Wirklichkeit sind die Russen in der Tat die Nachkommen norwegisch-schwedischer Wikinger – der Waräger!

Aber nicht nur das: Hinzu kommt der russische Messianismus, der alte russische Traum vom »dritten Rom«. Dieser nationale Mythos beherrschte die Zarenreiche genauso wie die kommunistische Sowjetunion, und er wirkt auch noch in der jungen Demokratie nach – trotz des wirtschaftlichen Desasters. Es ist das nationale Hochgefühl, der russische Messianismus, der manchen Parlamentarier jetzt immer noch nicht nur falsch, sondern, historisch gesehen, rückwärts programmiert, nämlich auf Zentralismus und Landbesitz statt auf Demokratie und Marktwirtschaft. Und genau deshalb kann sich die Moskauer Elite so unsäglich schwer von Tschetschenien trennen. Ich gehe davon aus, daß sich die übergroße Mehrheit der Russen vom Angriff auf Tschetschenien distanziert; aber daß Tschetschenien bei Rußland bleiben müßte, dafür gäbe es gewiß auch heute noch eine russische Mehrheit – nur eben nicht bei den betroffenen Tschetschenen selbst!

Die Tinte auf dem Waffenstillstandsabkommen, das Tschetschenien zunächst wenigstens Frieden brachte und das in fünf Jahren eine Volksabstimmung über die Unabhängigkeit vorsieht, war noch nicht einmal trocken, da äußerte sich Moskaus Regierungschef Tschernomyrdin im Südural, in Orenburg, öffentlich dazu – und zwar eindeutig vertragswidrig: »Wir haben Rußland zu lange zusammengeführt und haben es nicht vereint, um es jetzt in einzelnen Teilen abzugeben.« So die Presseagentur ITAR-TASS.[1]

In große historische Zusammenhänge eingeordnet, drücken diese klaren Worte Tschernomyrdins nichts anderes aus als rückständiges geopolitisches russisches Selbstverständnis, und mit Selbstbestimmungsrecht der Völker hat diese Aussage nicht das geringste zu tun. Nach Griechen und Römern, nach Deutschen, Spaniern, Franzosen und Briten – und vergessen wir auch die anderen nicht, nämlich Amerikaner, Juden, Polen und Serben – halten sich nun eben auch die Russen immer noch für ein »auserwähltes Volk«, das zu »Höherem« berufen ist – wie zur Führung anderer Völker –, das die Welt verbessert, den Völkern

---

[1] Süddeutsche Zeitung, 6./7.9.1996, S. 6

vorangeht, frei nach dem alten deutschen Motto: Am russischen Wesen soll die Welt genesen!

Vielen Russen erscheint deshalb selbst die derzeit doch ziemlich chaotische Situation noch keineswegs als völlig auswegslos. Schließlich überstanden sie vormals bereits den fürchterlichen Bürgerkrieg samt Konterrevolution und mit dem Angriff der deutschen Wehrmacht noch weit dramatischere Situationen. Doch jetzt steht Rußland vor einem historischen Scheideweg: Es greift nämlich niemand mehr an, und keiner bedroht das Land. Jetzt geht es schlichtweg um friedlichen, wirtschaftlichen Wettbewerb zwischen den Völkern, um Zusammenarbeit, Wohlstand und politische Kultur – doch gerade all das sind nicht die stärksten Seiten der Russen, weder von der Mentalität her noch was ihre politische Reife betrifft. Es fällt ihnen unendlich schwer, Macht und Entscheidungskompetenzen von der Zentrale weg in die Provinzen und Regionen zu verlagern. Für sie ist die Delegation von Verantwortung zunächst erst einmal ein Ausdruck der Schwäche, denn die russische Geschichte lehrt, daß das Land nur durch eine starke Hand zusammengehalten werden kann. Jede Autonomie oder Teilautonomie gefährdete immer wieder den Zusammenhalt des Landes. Viele Russen glauben deshalb nicht, daß die Demokratie gut für Rußland ist, sondern setzen eher auf einen starken Mann. Und genau aus diesem historisch ja einwandfrei belegten warägischen Eroberungsdrang, der ihnen bis heute im Blut steckt, der ihr Denken und Handeln dominiert, genau aus diesem Umstand resultieren die großen, vielschichtigen territorialen Probleme, die sich längst zu unhaltbaren Zuständen ausgewachsen haben. Diese sind so verworren, daß es schwerfällt, die politischen, ökonomischen, religiösen und stammesgeschichtlichen Zusammenhänge anteilig auseinanderzuhalten. Wenn jedoch dies bereits schwerfällt, dann muß zwangsläufig auch deren Lösung kompliziert sein.

In der Sprache des Managements wie des Staatsrechts konzentriert sich das Problem auf den Moskauer Zentralismus. Er stammt von den Zaren, die wie alle Feudalherrn autoritär herrschten. Danach perfektionierten die Kommunisten gar noch dieses Prinzip. Das oberste Entscheidungsgremium der Partei nannte sich ausgerechnet »Zentralkomitee«, was Stalin bereits vor der Revolution eingebracht hatte. Er hatte dieses autoritäre Führungsprinzip von der Kirche übernommen, das er als Zögling einer griechisch-orthodoxen Priesterschule bereits in jungen Jahren in Georgien kennengelernt hatte.

Denn daß die kommunistische Sowjetunion extrem zentralistisch und autoritär geführt wurde, das hat nie jemand bestritten. Hier wiederum finden wir die Ursache dafür, daß alle sowjetischen autonomen Republiken zwangsläufig nur dem Namen nach autonom waren, und daran hat sich in der Russischen Föderation bis heute nichts Wesentliches geändert. Wenn deshalb der russische Präsident Boris Jelzin von Autonomie spricht oder das russische Parlament diesen Begriff benutzt, dann handelt es sich um die russische Version von Autonomie. Nach westlichen, demokratischen Maßstäben jedoch handelt es sich schlichtweg um hochgradige, fast unglaubliche Heuchelei, die es übrigens, was Südtirol betrifft, auch noch in Rom gibt, wo man gleichfalls Nachhilfeunterricht in Föderalismus nötig hat.

Die meisten Asiaten wollen weg von Rußland

In der Demokratie bedeutet Autonomie soviel wie eigengesetzlich, selbständig, unabhängig. Deshalb verwenden wir für unsere deutschen Länder niemals den Begriff »autonom«, weil diese eben nicht souverän oder unabhängig sind. Auch in der Verfassung des Freistaats Bayern kommt das Wort nicht vor.

Alle deutschen Bundesländer verfügen hingegen über eine ausschließliche Gesetzgebung für Kultur, darunter das Schulwesen, sowie für Gemeindeangelegenheiten. Neben dem Parlament haben alle deutschen Länder Regierungen und Gerichte sowie landeseigene Verwaltungen, aber deshalb sind sie nicht autonom. Ihre Steuereinkünfte wiederum kann sich ein Gouverneur einer russischen autonomen Republik nicht einmal in seinen kühnsten Träumen vorstellen.

Die russischen Republiken haben zweifellos viel zuwenig Entscheidungskompetenzen, zuwenig Rechte, vor allem aber zuwenig Geld. Nur wenn wir das berücksichtigen, wird für uns ein solches Vorkommnis verständlich, wie etwa dieses: Beim Besuch in Kasan, der Hauptstadt der Tatarischen Autonomen Republik, klagt der Regierungschef über unerträglichen Geldmangel, so daß er den Angestellten der Republik nicht einmal die Gehälter auszahlen kann. Daraufhin erlaubt Jelzin dem tatarischen Regierungschef von der Erdölförderung im Land in Höhe von 32 Millionen Tonnen eine Million im Ausland auf eigene Rechnung zu verkaufen, für rund 200 Millionen Mark, und im Gegenzug verspricht ihm der Tatar, künftig wieder Steuern an Moskau abzuführen.

Vergleichsweise bedeutet dieser Vorgang, auf deutsche Verhältnisse übertragen, etwa dies: Beim Besuch in Hannover tritt Bundeskanzler Helmut Kohl Niedersachsens Ministerpräsidenten Gerhard Schröder, weil der über Geldmangel klagt, von der Erdgasförderung im Lande, die bundeseigene Firmen betreiben, eine Milliarde Kubikmeter Erdgas ab, die Niedersachsen dann auf eigene Rechnung für 100 Millionen Mark verkaufen kann. Als Gegenleistung verspricht Schröder dann dem Bundeskanzler, künftig wieder regelmäßig und pünktlich Steuern nach Bonn zu überweisen.

Das alles klingt für deutsche Ohren zwar fast unglaublich, dennoch sind die Zustände in Rußland so. Neben solchen wichtigen Bereichen wie Wirtschaft, Finanzen und Steuern, die in Rußland nicht funktionieren, neben Armee, Polizei und Sozialeinrichtungen, die in einem desolaten Zustand sind, funktioniert auch das föderale Prinzip nicht, genaugenommen existiert es nur formal.

Selbstverständlich ist dieser Umstand mitverantwortlich für das wirtschaftliche Desaster Rußlands. Selbst der tschetschenische Bürgerkrieg resultiert im wesentlichen daraus. Denn die Tschetschenische Autonome Republik hatte im Rahmen der Föderation Rußland weder ausreichende Kompetenzen als Land noch genügend Geld, und Jelzin hatte es versäumt, nach Grosny zu fahren, um einen Teil der Erdölförderung des Landes an Dudajew abzutreten. Daraufhin holten sich die Tschetschenen das benötigte Geld von Moskau über eine geniale Bankentransaktion und vorsichts- oder sicherheitshalber auch noch in mehrfach größerer Menge, als ihnen zustand. Danach waren sie für Moskau natürlich »Kriminelle« und »Banditen«. Halten wir uns deshalb zur weiteren Betrachtung an die ökonomischen Daten, die klar und unmißverständlich signalisieren, wie es um Rußland wirklich steht – welches wirtschaftliche Leichtgewicht die Russen nur noch auf die Waage bringen. Denn ein Land, das ökonomisch weniger leistet als Italien, Spanien oder gar als die Niederlande, kann weder die frühere Hochrüstung noch eine stark reduzierte Rüstung finanzieren, sondern muß gerade jetzt gewaltig abrüsten, um den wirtschaftlichen Wiederaufbau überhaupt zu schaffen. Rußland kann folglich weder, wie früher die Sowjetunion, kostspielig weiterhin im Weltraum experimentieren noch außenpolitisch die Lasten einer Großmacht finanzieren.

Hinzu kommen die aufgestauten territorialen und die ungelösten föderalen Probleme; denn welche nationalen Minderheiten verknüpfen das eigene politische Schicksal im Rahmen einer Föderation noch mit einem Volk, das ganz offensichtlich Mühe hat, sich wirtschaftlich wie demokratisch erfolgreich und effektiv zu organisieren. Denn welche autonomen Republiken gehören freiwillig einem Staat an, der den Regionen, also den Bundesländern mit ihren Stämmen und Völkern, nicht einmal das gewährt, was diesen in jeder Hinsicht vom föderalen Prinzip her für die regionale Selbstverwaltung zusteht – nämlich die Entscheidungskompetenzen für Bildung und Kultur, für Gerichte und Polizei, für Infrastruktur, Wirtschaft, Steuern und Finanzen –, sondern der die meisten Rechte und Pflichten übermäßig zentralisiert, also unverhältnismäßig stark in der Unionsregierung verankert, den autonomen Republiken jedoch nur minimale Verantwortung zugesteht und diese darüber hinaus auch noch fortwährend gängelt und wirtschaftlich ausbeutet. Kurz, die Föderation Rußland heißt nur so; in Wahrheit sind die Russen bis jetzt nicht föderationsfähig! Hier haben wir es mit den vielleicht entscheidenden Argumenten zu tun, die fast alle nichtrussischen Völker veranlassen werden, sich eines Tages von Moskau zu trennen, weil die bereits früher von Lenin erstmals eingeräumte Autonomie nur formal politisch auf dem Papier steht, aber nicht wirklich existiert. Daran hat sich von Peter dem Großen über Stalin bis zu Gorbatschow und Jelzin nichts entscheidend geändert.

Nach dem Ausscheiden von Ukrainern und Weißrussen, nach der Abspaltung der drei baltischen Staaten Litauen, Estland und Lettland sowie Moldaviens und der zwei kaukasischen Völker der Armenier und der Georgier sowie der sechs asiatischen Republiken Kasachstan, Aserbaidschan, Kirgisien, Tadschikistan, Turkenistan und Usbekistan gehören der Föderation Rußland derzeit noch weitere 20 »autonome« Republiken an, deren politische Zukunft, deren Schicksal entweder als unabhängige Völker oder als Teil Rußlands ungeklärt oder ungewiß ist:
1. Karelier und Komi, die im Norden Rußlands leben und zur finnisch-ugrischen Völkerfamilie gehören.
2. Tataren, Baschkiren, Mari, Tschuwaschen, Udmurten und Mordwinen die zwischen der mittleren Wolga und dem Ural leben.
3. Kalmücken, Abchasier, Kabardiner und Balkaren, Tschetschenen, Inguschen, Osseten und Dagestaner, die nördlich des Kaukasus wohnen, sowie Adscharier und Nachitschewanier südlich desselben.
4. Burjaten und Tuwinen in Mittel- und Jakuten in Ostsibirien.

Es handelt sich hier um 28 Millionen Nichtrussen, die außerdem überwiegend Moslems sind. Der größte Teil davon ist asiatischer Herkunft; aber Tschetschenen und Inguschen sollen von den Alanen abstammen, einem germanischem Reitervolk, das noch östlich der Goten gesiedelt hatte und das sich beim Hunnenansturm im Jahre 375 in die Berge des Kaukasus retten konnte. Von diesen 20 Völkern wollen keineswegs alle von Rußland weg, und wie sie sich in der Zukunft entscheiden, das ist heute noch ungewiß. Von den Kareliern, die mit den Finnen verwandt sind, heißt es, daß sie aus der Russischen Föderation austreten wollen. Noch im letzten Jahr der UdSSR gab es die erste Unabhängigkeitserklärung. Es gibt eine »Karelische Bewegung«, die den Austritt weiterhin propagiert.

Tatarstan hat drei Millionen Einwohner, knapp die Hälfte davon sind Russen. Im benachbarten Baschkortistan leben noch einmal eine Million Tataren, die außerdem mit den Baschkiren ethnisch und sprachlich eng verwandt sind. Sie sprechen eine mongolisch-türkische Sprache. 1992 organisierten die Tataren in ihrer Hauptstadt Kasan erstmalig einen Weltkongreß, der von Tataren aus aller Welt besucht wurde. Sie reisten aus den USA und Australien, aus Deutschland, Finnland sowie aus der Türkei an, und im gleichen Jahr wäre es fast zu einem Staatsstreich gekommen. Die Republik Tatarstan verweigerte konsequent die Unterschrift unter den Föderationsvertrag; denn in ihr geben nationale Strömungen den Ton an, die sich von Moskau nichts mehr vorschreiben lassen wollen, keine Steuern mehr abführen und die über die Bodenschätze des Landes, über Grund und Boden sowie über alle Produktionskapazitäten selbst verfügen wollen. Ihr erklärtes Vorbild ist die Schweiz.

Wird Tatarstan bei Rußland bleiben? Zunächst, höchstwahrscheinlich, ja. Ihre Autonomie wollen die Tataren zwar weiter ausbauen, aber nicht um den Russen den Rücken zu kehren, sondern um die Lage des Volkes zu verbessern. Das Land ist für russische Verhältnisse weit überdurchschnittlich entwickelt und fördert zudem noch jährlich 32 Millionen Tonnen Erdöl. Davon darf es eine Million Tonnen auf eigene Rechnung im Ausland verkaufen. An dieser primitiven Verteilungsmethode wird ersichtlich, daß unter anderem noch die Steuerfrage zwischen Moskau und Kasan ungeregelt ist, wie auch die Eigentumsfrage. 98 Prozent aller Betriebe unterstanden 1992 noch russischen Behörden, waren also staatlich.

Vor der eigentlichen Privatisierung erwarten nun die Tataren, daß davon wesentliche Anteile zunächst auf die autonome Republik übertragen werden, ehe privatisiert wird. Doch in jedem Fall sind sich die Tataren bewußt, daß eine Lostrennung von Rußland für die Bevölkerung Hunger und Elend bringen würde. Trotzdem bereiten sie den Moskauern schlaflose Nächte; denn sie wollen mit ihren baschkirischen Verwandten zwischen Wolga und Ural einen gemeinsamen Staat gründen, zu dem sie noch die benachbarten Tschuwaschen, Udmurten, El Mari und Komi einladen. Und ob diese moslemische, nichtrussische autonome Republik dann für alle Zukunft noch zu Rußland gehört, kann heute niemand mit Sicherheit voraussagen.

Im Moment halten die Tataren vor allem deshalb noch still, weil sie unter gar keinen Umständen für den Austritt aus der Föderation mit Moskau einen Krieg riskieren wollen – wie die Tschetschenen. Aber es kann durchaus so weit kommen, daß sich im Laufe der Zeit alle sieben Millionen Tataren, die jetzt noch zur Hälfte zerstreut in Rußland leben, in der Heimat, im eigenen Staat ansiedeln, der dann mit allen Nachbarn zusammen 15 Millionen Einwohner hat, der 70 Millionen Tonnen Erdöl fördert und eine sehr gute industrielle Basis hat. Gemeinsam mit ihren Verwandten, den Baschkiren, ergäbe das einen durchaus lebensfähigen Staat.

Baschkortistan, westlich des Ural gelegen, das unmittelbar an Tatarstan angrenzt mit der Hauptstadt Ufa, hat über vier Millionen Einwohner, 40 Prozent davon sind Russen. Die autonome Republik fördert gleichfalls 32 Millionen Tonnen Erdöl, und in Ufa produzieren zahlreiche Raffinerien 80 Prozent des russischen Benzins sowie Flugzeugtriebwerke, Automotoren und Hubschrauber. Das Land ist auf den Weltmarkt angewiesen, deshalb darf es eigene außenwirtschaftliche Verträge abschließen, was Jelzin zugestanden hatte. Den Moskauer Beamten gefällt dies keineswegs; denn die Zentrale versucht nach wie vor alle Exporte zu kontrollieren, wahrscheinlich weil die Unternehmen die Devisen für sich behalten.

In den letzten Jahren mußte Baschkortistan mehrere Katastrophen hinnehmen. 1989 kam es zum größten Zugunglück der Welt mit fast 600 Toten, als sich zwei Züge in einer Senke, die mit Gas aus einer defekten Leitung gefüllt war, begegneten – bei voller Fahrt auf den Parallelgleisen. Dabei entzündete sich unter den Rädern ein Funke, der das Gas zu einer gewaltigen Explosion entzündete. Beide Züge wurden in die Luft geschleudert und zerrissen.

1990 kam es zu einem ökologischem Desaster. Das Trinkwasser der Hauptstadt war hochgradig dioxinverseucht, weil der staatliche Chemiekonzern Chimprom lange Zeit riesige Mengen Dioxin in die Ufa geleitet hatte. Entsetzen breitete sich aus, weil die Grenzwerte um das 100 000fache überschritten wurden. In den sechziger Jahren hatte es unterirdische Atomexplosionen gegeben, und zwar in dichtbesiedelten Gebieten, angeblich um die Erdölförderung zu steigern. Dabei gelangte Radioaktivität ins Trinkwasser, so daß noch heute Leute daran sterben. Diese Katastrophen wurden von zentralgeleiteten Moskauer Staatsunternehmen verursacht, was die Bindung an Moskau keineswegs vertieft, sondern eindeutig die Selbständigkeit fördert.

Koloniales Endspiel: Tschetschenien – Rußland

Die Tschetschenische Republik entstand 1991 gegen den Willen Moskaus, und die Tschetschenen wollten von Beginn an die vollständige Lostrennung von Rußland, denn sie sind höchstwahrscheinlich das kaukasische Volk, das seine Freiheit am hartnäckigsten verteidigt hat und in einem 100jährigen Krieg dafür die größten Opfer brachte. Er begann 1827 in den Bergen Westdagestans als fanatischer Unabhängigkeitskampf gegen ein 300 000 Mann starkes russisches Heer, erfaßte den ganzen nördlichen Kaukasus und dauerte 20 Jahre. Der legendäre Gegner der Russen war Imam Schamil, der Führer einer asketischen Kriegersekte, der sich erst 1859 ergab. Zar Alexander II. ließ ihn am Leben, zahlte ihm eine königliche Abfindung und nahm ihn mit seiner Familie in Kaluga zunächst in Ehrenhaft, bevor er ihn freiließ. Imam Schamil ist noch heute das Vorbild für Tschetschenen, aber diese sagen: Wäre er kein Aware gewesen, sondern Tschetschene, dann hätten die Russen den Kaukasus bis heute noch nicht erobert.

Zu weiteren Aufständen gegen die russischen Kolonialherrn kam es 1860, 1864 und 1877, danach wurden alle Tschetschenen und Inguschen ausgesiedelt und Kosaken angesiedelt. 1917 holten sie sich in erbitterten Kämpfen ihr Land zurück, doch im Rahmen der Zwangskollektivierung wurde den Bergbewohnern ihr Grund und Boden erneut weggenommen. Es kam zu einer antirussischen und antikommunistischen Bewegung, zu Massenverhaftungen 1937, und Anfang 1940 löste ein tschetschenischer Aufstand alle Kollektivwirtschaften wieder auf. Eine Regierung wurde gebildet und gegen sowjetische Truppen Widerstand organisiert. 1944 begann eine neuerliche Tragödie für Tschetschenen und Inguschen. In 640 Güterzügen wurden sie aus Grosny abtransportiert und nach Kasachstan und Sibirien deportiert. Die Menschen in den unzugänglichen Bergen aber wurden einfach vernichtet.

Noch heute fragen Tschetschenen: Kennen Sie das Schicksal des Dorfes Chaibach? Dort wurden alle Leute in einer großen Scheune zusammengetrieben und bei lebendigem Leibe verbrannt, weil es zu umständlich war, sie abzutransportieren.

Diesen unendlichen Leidensweg des kaukasischen Volkes sollten alle Europäer kennen, um zu verstehen, warum der Tschetschenienkrieg (1994–1996) kein russischer Bürgerkrieg, sondern ein heldenhafter Freiheitskampf der Tschetschenen war, und Tschernomyrdins Worte: »Wir haben Rußland zu lange zusammengeführt und haben es nicht vereint, um es jetzt in einzelnen Teilen abzugeben« klingen nicht wie die Sprache eines Demokraten oder Halbdemokraten, so reden »Landräuber«, Eroberer, Kolonialherren; so sprach der derzeitige russische Ministerpräsident, der vormalige Generaldirektor des riesigen Erdgaskonzerns, der Exponent des industriell-militärischen Komplexes, der, was völlig verständlich ist, dem Friedensstifter Alexander Lebed permanent einen Knüppel nach dem anderen zwischen die Beine geworfen hatte. Mit Tschernomyrdin kommen die Russen mit Sicherheit weder in die Europäische Union noch zu Frieden oder gar zu Wohlstand. Es handelt sich hier um einen russischen Chauvinismus reinster Prägung wie aus dem vorigen Jahrhundert. Da darf der Altkommunist Sjuganow keineswegs abseits stehen. Er kritisierte Lebeds Friedensbemühungen scharf und betonte die Unantastbarkeit Rußlands. »Die bedingungslose Wahrung der territorialen Integrität Rußlands ist eine Bedingung für die Beilegung des Konflikts, die nicht zur Debatte steht.«[1]

Seit 1979 führen die Russen ununterbrochen Krieg, zehn Jahre lang in Afghanistan, seither in Nagorny-Karabach, in Tadschikistan, Ossetien und Tschetschenien. Davon hebt sich General Lebeds Buch »Armes Rußland« (1995) sowie seine erfolg-

---

[1] Nesawissimaja Gaseta, Süddeutsche Zeitung, 18.9.1996, S. 5

reiche Friedensmission sehr deutlich ab. Obwohl er sich selbst nur als Halbdemokraten bezeichnete, verschaffte er Boris Jelzin Luft gegen dessen reformunfähige Widersacher, und wahrscheinlich wird er als Jelzins Nachfolger Rußland in die Europäische Union führen. Als General, der die Armee aus Tschetschenien wieder herausholte, hat er das Militär hinter sich, dadurch ist er unangreifbar, selbst nachdem ihn Jelzin abgelöst hat.

Wir haben es in Rußland folglich nicht mehr mit einer Halbdemokratie oder mit einem Präsidialsystem zu tun, sondern in Wahrheit schon längst mit einem militär-gestützten Präsidialregime. Dies sollten wir nicht einmal bedauern; denn es ist die einzige derzeit mögliche Regierungsform, um die Rußland beim Übergang zur Demokratie nun einmal nicht umhinkommt: Es ist eine Übergangsperiode, an der die Russen nicht vorbeikommen, wie die Spanier nicht unter Franco, wie die Italiener und die Deutschen nicht mit Mussolini bzw. Hitler oder wie Argentinier und Südkoreaner. Aber deshalb können sie genauso schnell wie die Deutschen demokratiefähig werden. Dazu brauchten wir, in EG und NATO eingebunden, nur ganz kurze Zeit in den fünfziger Jahren, und gegen Deutschland wurde damals genauso argumentiert wie heute gegen Rußland. Doch egal, ob es sich nun um eine Demokratie oder eine Halbdiktatur handelt, gilt: Wenn es den Russen nicht gelingt, die zahlreichen autonomen asiatischen Republiken korrekt und großzügig föderativ einzubinden, so daß diese aus freien Stücken in der Föderation bleiben, dann steht irgendwann nicht nur ein Guerillakrieg nördlich des Kaukasus bevor, sondern die Tschetschenen und die Tataren könnten Gebiete bis zur Wolga hin zurückfordern. Wenn die Belgrader Serben über 600 Jahre ungeniert bis zum Amselfeld zurückrechnen, so als hätten sie Europas demokratische Entwicklung nicht einmal von weitem registriert, warum sollen dann asiatische Völker nicht gleichfalls 250 oder 450 Jahre zurückrechnen – bis zu Katharina der Großen und Iwan dem Schrecklichen, der die tatarischen Chanate Kasan und Astrachan etwa zur gleichen Zeit eroberte wie Spanier und Portugiesen Amerika, und der dem tschetschenischen Grosny sogar noch seinen »schrecklichen« Namen gab.

Wie der deutsche Rhein zur Freundschaftsgrenze zwischen Deutschen und Franzosen wurde, so könnte die russische Wolga einmal zur Grenze zwischen Russen und Tataren werden. Es kann durchaus so kommen, daß wir die Expansionsgrenze Europas vom Ural eines Tages entweder bis zur Wolga zurückverlegen – oder aber wir integrieren neben Armeniern und Georgiern eben auch Tschetschenen, Inguschen, Baschkiren und Tataren. Mit Bulgaren, Finnen und Ungarn, die ungefähr aus der gleichen Gegend stammen, gelang uns das schließlich auch.

Denn das russische Roulette dreht sich nach der Expansion zwangsläufig auch territorial wieder rückwärts – bis hin zu Chinas Rückforderungen vom Amur bis Wladiwostok, was chinesischerseits mit modernem Völkerrecht sogar ziemlich leicht und außerdem sehr fundamental zu begründen ist. Selbst Kamtschatka wartete nur noch auf die nächste Moskauer Schwäche, um bei der erstbesten Gelegenheit abzuspringen.

Alle nichtrussischen Völker fordern auf Dauer ihre nationale Souveränität ein. Sie werden Schritt für Schritt und Jahr für Jahr, eines nach dem anderen, die Russische Föderation verlassen, so daß letztendlich nur noch 100 Millionen Russen zwischen Ostsee und Wolga übrigbleiben, wenn sie nicht schleunigst das bekommen, was ihnen zusteht – rechtsstaatliche Autonomie. Ob sie diese dann innerhalb der russischen Union ausüben oder aber aus der Föderation austreten, das ist zwar die Kardinalsfrage sowohl für die Moskauer Zentrale als auch für die Hauptstädte der Regionen, doch gerade darüber sollte eben nicht militärisch entschieden werden wie in Tschetschenien, sondern politisch, so wie das General Lebed als Sicherheitsberater Jelzins mit der vollen tschetschenischen Autonomie eingeleitet hat – innerhalb der Russischen Föderation, jedenfalls bis auf weiteres. Ein typischer Kompromiß also, der Frieden schafft und das eigentliche Problem zunächst noch ausklammert.

Es wird höchste Zeit, daß sich die Europäische Union auf die äußerst verwickelten und sich mehrfach überlagernden russischen Probleme einstellt, ja sogar darauf zugeht, statt wie seinerzeit in Jugoslawien hilflos zuzusehen, wie sich Serben und Slowenen, Kroaten und Bosnier brutal militärisch auseinanderdividierten, um nachträglich Hilfskonvois für die notleidenden Menschen zu schicken – wie auch jetzt in Tschetschenien wieder. Das ist doch politischer Dilettantismus par excellence.

Wie wir heute wissen, hätten sich die vormals jugoslawischen Völker auf einer noch so lang andauernden Konferenz höchstwahrscheinlich nicht einmal auf einen Kompromiß einigen können, so daß die erste Konferenz gescheitert wäre, doch danach wäre eine zweite anberaumt worden mit noch größeren EU-Auflagen; jedenfalls wäre nicht massenhaft geplündert, brutal tausendfach vergewaltigt und zweihunderttausendfach entsetzlich gemordet worden.

Wenn die Europäische Union allerdings ihre volle Autorität eingesetzt hätte, wären zumindest unbefriedigende Kompromisse möglich gewesen, aber bedauerlicherweise haben Straßburg, Brüssel und Luxemburg mit ihren Eurokraten total versagt und dadurch der europäischen Idee unendlich geschadet.

Wenn wir uns weiterhin daran erinnern, daß die jugoslawische Tragödie von Beginn an immer wieder historisch, nationalistisch, ökonomisch und religiös begründet wurde, obwohl diese primär aus den falschen, ungerechten und sogar völkerrechtswidrigen Verträgen von Trianon und St. Germain hervorgegangen war, was London wie Paris, Briten und Franzosen, Mitterand, Delors und Major von vornherein gegenüber der Konfliktlösung befangen machte, dann gibt es fast eine westeuropäische Mitschuld an der Tragödie auf dem Balkan. Allerdings, daß die Siegermächte des Ersten Weltkrieges eines Tages zugeben, daß Trianon wie St. Germain völkerrechtswidrig waren und sind und deshalb keinen Bestand haben konnten, darauf können wir noch lange warten, und die Russen werden niemals zugeben, jedenfalls nicht die Panslawisten unter ihnen, daß ihre serbischen »Brüder« in Bosnien verbrecherisch gehandelt haben, so daß sie zu bestrafen sind.

Nur so ist doch zu erklären, warum ausgerechnet Deutschland Slowenien und Kroatien im richtigen Moment anerkannte, nämlich sofort. Doch das hätten die außenpolitisch weit erfahreneren Franzosen und Briten ebenso leisten können, wenn sie unbefangen gewesen wären. Statt dessen schonte Präsident Mitterand die serbischen Verbündeten des Ersten und Zweiten Weltkrieges bis zum Gehtnichtmehr, obwohl diese einwandfrei die Aggressoren waren. Wenn wir uns daran erinnern, wie destruktiv der britische Unterhändler Lord Owen handelte, so daß er ebenso wie auch der Brüsseler Beauftragte, der Schwede Bildt, zwangsläufig scheitern mußte, während der robuste Amerikaner Holbrooke rigoros zur Sache gehen konnte, weil Trianon wie St. Germain von den Amerikanern ja nie unterschrieben worden waren, dann wird auch der knallharte Einsatz der US-Airforce verständlich. Doch das hätten die Europäer mit ihrer Eingreiftruppe gleichfalls leisten können.

Rußlands Föderation funktioniert nicht

In einem gewissen Zusammenhang ist Tschetschenien, weil es in der Russischen Föderation den Kampf um die nationale Unabhängigkeit einleitete, ohne weiteres mit Slowenien vergleichbar, das den ersten Akt im jugoslawischen Trauerspiel inszenierte.

Während Brüssel darüber nachdenkt, ob oder warum Rußland zu Europa gehört, werden andere autonome Völker den Aufstand proben für den zweiten Akt des russischen Trauerspiels, wenn die Europäische Union erneut nicht handeln sollte. Denn die Auflösung Rußlands oder das Fortbestehen der Föderation berührt ja keineswegs nur die Nichtrussen, sondern längst die Russen selbst, die dafür im Grunde genommen sogar ganz massive Hilfe von der Europäischen Union benötigen, um beispielsweise die rein formal bestehenden föderativen Strukturen überhaupt voll und ganz funktionstüchtig zu machen. Hier könnte vor allem Deutschland helfen, weil wir alles in allem doch ein sehr gut ausgeformtes und selbst für Westeuropa vorbildliches bundesstaatliches System mit optimalen Kompetenzen für Länder und Regionen praktizieren. Hierbei kann es außerdem nicht nur um einige Berater gehen, sondern mindestens um mehrere hundert Verwaltungsfachleute, die, wie vormals in den neuen Bundesländern, für ein bis zwei Jahre in die autonomen Regionen vor Ort gehen.

Als die kommunistische Opposition 1992 in Moskau putschte, so daß Jelzin den Präsidentenpalast stürmen ließ, erklärte der Swerdlowsker Regierungschef Eduard Rossjel im Fernsehen die Unabhängigkeit der Ural-Republik. Das Regionalparlament hatte ihn eine Woche zuvor zum Gouverneur ernannt, die neue Verfassung sei vorbildlich, und dies sei der richtige Schritt zum Föderalismus. Ein Verlassen der Russischen Föderation sei jedoch nicht vorgesehen – genau hier an dieser Stelle schalteten nun der Rundfunk wie alle TV-Kanäle ab.

Das gleiche Signal kam aus Nowosibirsk. Einer der einflußreichsten sibirischen Politiker, Aman Tulejew, wollte die Region zur Republik ausrufen. Auf einer Sondersitzung des Regionalrats sagte Tulejew, es gäbe keinen anderen Weg zur Dezentralisierung. Die politische Krise in Moskau verschlechtere von Jahr zu Jahr die Situation Sibiriens. Es gehe nicht darum, Rußland zu verlassen, wohl aber darum, die bisher gezahlten Steuern zurückzuhalten, weil die Moskauer Zentralregierung die Gewinne aus den sibirischen Exporten einbehält. So eine Reuter-Meldung bereits vom Sommer 1992.

»Manche Russen in Sibirien, mit denen ich mich unterhielt«, so Denis Healey kürzlich in der WELT, »redeten über Moskau so, wie die Kolonisten in Boston vor 200 Jahren über Georg III.« Es ist deshalb an der Zeit, daß wir uns bewußt werden: Nach der Auflösung der Sowjetunion und nach dem Zerfall der GUS erleben wir jetzt den Beginn des russischen Rückzugs auf die eigentlichen europäischen Kernregionen, die, historisch gesehen, nun einmal zwischen Nowgorod, wo Rußlands Wiege stand, und der Wolga liegen – die Rußlands »Schicksalsfluß« war und bleibt. Die Wolga hatte für die Russen von Beginn an den gleichen Stellenwert wie für uns der Rhein, der auch für uns vom »deutschen, deutschen Rhein« letztlich zur deutsch-französischen Freundschaftsgrenze wurde.

Wir haben es in Rußland folglich nicht nur mit chaotischen Zuständen in Wirtschaft und Armee, im Umweltschutz wie beim Sozialen zu tun, auch die föderative Organisation funktioniert nicht. Rußlandkenner erwarten deshalb nach dem Ende der Sowjetunion und nach der Auflösung der GUS-Staaten jetzt den bevorstehenden Zerfall der Föderation. Nicht nur die Tschetschenen und andere asiatische Völker wollen selbständig werden, sondern auch russische Regionen streben von Moskau weg. Die Ural-Republik hat ihre Unabhängigkeit erklärt, die Region Primorsk, im Fernen Osten zwischen Amur und Stillem Ozean gelegen, will sich in »Maritime Republik« umbenennen, Kamtschatka flirtet mit der Autonomie, ebenso wie Wologda an der Wolga und Stawropol nördlich des Kaukasus, Gorbatschows Heimat. Es geht folglich schon gar nicht mehr allein nur um abtrünnige Fremdvölker, die von Rußland weg wollen, sondern auch um Russen, die die Früchte ihrer Arbeit nicht mehr mit der Moskauer Bürokratie zu teilen bereit sind.

V.
Stalins Landräubereien friedlich rückgängig machen

Finnland will Ostkarelien zurückkaufen

Die Durchsetzung und voll wirksame Anwendung des föderalen Prinzips mit dem Ziel, Rußland effektiver zu verwalten und zu festigen, bei gleichzeitiger Freigabe aller nichtrussischen Völker, wenn diese das wünschen, löst jedoch noch längst nicht alle territorialen Probleme. Hinzu kommt der kommunistische Landraub Stalins nach dem Ende des Zweiten Weltkriegs, den alle betroffenen Völker erklärtermaßen wieder rückgängig machen wollen, ausgenommen wir Deutschen.

Diese kommunistische »Landnahme« unterschied sich vom »Sammeln russischer Erde« durch die Zaren nicht im geringsten, denn es war durchweg »die Erde« anderer Völker – und damals wie heute völkerrechtswidrig. Vordergründig bestrafte Stalin damit das nationalsozialistische Deutschland, das konservative Ungarn Stephan Horthys und das Finnland Marschall Mannerheims, das die Rote Armee im Winterkrieg 1939, praktisch vor den Toren Leningrads, unter den Augen der erstaunten Welt ziemlich blamiert hatte. Auch Japan, das in den Krieg gegen die Sowjetunion gar nicht eingegriffen, sondern im Winter 1941 zum großen Vorteil Moskaus sogar stillgehalten hatte, mußte japanisches Land abtreten.

Stalin annektierte ganz Ostpolen, wie zuvor bereits Katharina die Große 1795 bei der dritten Teilung Polens, und er nahm auch gleich noch jene Landstriche dazu, die Zar Alexander I. mit dem Wiener Kongreß, quasi als vierte Teilung Polens, annektiert hatte, womit er Polen erneut vollständig ausgelöscht hatte – diesmal allerdings ohne Preußen und Österreich. Aus dem Blickwinkel von Panslawisten, deren Visionen ja bekanntlich auf die Linie Lübeck–Prag–Wien–Triest hinausliefen, verlagerte Stalin damit Polen weit nach Westen, bis nach Deutschland hinein, wohl wissend, daß er damit zwischen Deutschen und Polen neue Feindschaft aussäen würde, frei nach dem imperialen Herrschaftsprinzip Roms wie Londons: Divide et impera: Teile und herrsche!

Ich meine insgesamt jene Landstriche, die Stalin gerade mal vor 50 Jahren »einsammelte«, also die japanischen südlichen Kurilen, das finnische Ostkarelien, das deutsche nördliche Ostpreußen, die ostpolnischen Bezirke Grodno und Lemberg, das rumänische Moldawien und das vormals ungarische Transkarpatien, also jene Gebiete, die allesamt der mittlerweile anerkanntermaßen größte kommunistische Verbrecher aller Zeiten, Josef Stalin, für die Sowjetunion zusammengeraubt hatte. Hinzu kommen umfangreiche, vormals chinesische Gebiete in Ostasien, die gleichfalls umstritten sind und die Rußland einstmals dem vom Krieg mit England und Frankreich geschwächten China mit viel Druck gewissermaßen »vertraglich geraubt« hatte.

Im Vertrag von Aigun mußte China 1858 die Amur-Grenze und im Vertrag von Peking 1860 den Ussuri als Grenze hinnehmen. Das Terrain umfaßte etwa eine Million Quadratkilometer. Es war ungefähr so groß wie Deutschland, Frankreich und die Benelux-Staaten zusammengenommen. Die Chinesen wissen heute noch, daß Teile dieser Regionen bis 1911 zu China gehörten.

So wie die Chinesen nach 100 Jahren jetzt die britische Kronkolonie Hongkong zurückerhalten, so werden sie eines Tages wohl auch den Fernen Osten von Rußland zurückfordern. Mao Tse-tung hatte den Fernen Osten bereits einmal von Stalin zurückgefordert. Als das Zentralkomitee der KPdSU unter Chruschtschow ablehnte, kam es zum Bruch zwischen den beiden großen kommunistischen Brüdern.

Wenn folglich die demokratischen Nachfolgestaaten der Sowjetunion – Rußland, Ukraine und Weißrußland – haargenau denselben Stalin einmütig zum Verbrecher erklären, aber ansonsten mit der Rückgabe dieser geraubten Landstriche zögern, dann handeln sie vergleichsweise so, als hätten sie einen lange gesuchten, gefährlichen Kriminellen endlich gefaßt, mit einem großen, spektakulären Prozeß abgeurteilt, lebenslänglich eingekerkert oder zum Tode verurteilt, um die Beute dann allerdings seinen Erben und Verwandten zu überlassen, die wiederum so tun, als hätten sie einen rechtmäßigen Anspruch darauf.

Es ist ohne weiteres zu verstehen, daß alle betroffenen Völker dieses russische »Rechtsverständnis« niemals akzeptieren – die Finnen nicht und schon gar nicht die Ungarn, die darüber hinaus fünf Millionen Landsleute, die sie 1920 mit dem Vertrag von Trianon verloren hatten, samt Land zurückfordern. Die Rumänen warten auf ihre drei Millionen moldawischen Landsleute, und die Japaner verlangen schon seit langem hartnäckig die Rückgabe ihrer südlichen Kurilen. Die Polen wiederum halten sich höchstens noch so lange zurück, bis der erste Dominostein fällt, den höchstwahrscheinlich die Finnen umstoßen – und zwar in Straßburg, Luxemburg und Brüssel, wo sie auf die Europäische Union setzen, und das Plenum wird die OSZE sein, also die »Organisation für Sicherheit und Zusammenarbeit in Europa«, die friedliche Grenzänderungen im gegenseitigen Einverständnis sogar ausdrücklich vorsieht. Für das östliche Karelien wird Helsinki kaum etwas bezahlen wollen, und wenn, dann höchstens für die hinzugekommene Infrastruktur, die wiederum gegen die immensen Umweltschäden zu verrechnen sein wird. Fest steht jedenfalls: Das kleine Finnland, das sich 50 Jahre lang im Schatten des sowjetischen Riesen völlig regungslos verhalten mußte, wird als EU-Mitglied Ostkarelien demnächst zurückfordern, denn Stalins Argument, Finnlands Grenzen würden durch ihre Nähe Leningrad militärisch bedrohen, ist doch wohl für das demokratische Rußland höchst anachronistisch.

Alle finnischen Abgeordneten im Europaparlament von Straßburg, die Linken wie die Rechten, stehen in dieser für sie wichtigen nationalen Frage zusammen. Sie bereiten die Rückgabebeforderung an Rußland vor, und zwar, das versteht sich von selbst, ausschließlich friedlich, das heißt mit völkerrechtlichen politischen Mitteln. Seit geraumer Zeit wird sondiert, um in Straßburg für den finnischen Antrag eine Abstimmungsmehrheit vorzubereiten.

Finnland hat nach dem Zweiten Weltkrieg 200 000 geflüchtete Karelier aufgenommen. Wer nicht durch Flucht entkam, wurde in Güterwaggons auf die Halbinsel Kola in die Tundra deportiert oder nach Kasachstan ins Konzentrationslager.[1]

Keinem dieser deportierten Finnen wurde seither erlaubt, in seine karelische Heimat zurückzukehren, und zwar aus gutem russischem Grund: Dort existiert eine »Karelische Bewegung«! Diese propagiert nicht nur die Rückgabe Ostkareliens an Finnland, sondern außerdem soll die Autonome Karelische Republik aus der Russischen Föderation austreten. Dieses Thema wird in Finnland ziemlich leidenschaftlich diskutiert. Die Bevölkerung ist sogar bereit, Geld zu sammeln, um ganz Karelien zurückzukaufen.

Das eigentliche Ostkarelien hat momentan nur 250 000 Einwohner, davon gehören 150 000 der Roten Armee an, die im Rahmen der Abrüstung sowieso das Land verlassen. Die übrigen Zivilisten aber würden sich ohne den geringsten Widerstand zum zehnfach höheren Lebensstandard nach Finnland einbürgern lassen. Vor diesem Hintergrund war der Besuch Boris Jelzins in Karelien dringend notwendig. In bekannter Weise erteilte er dort nach »Gutsherrenart« Lizenzen für den Handel mit dem westlichen Ausland, sprich mit Finnland, außerdem dürfen die Karelier 75 Prozent der Devisenerlöse behalten. Dies war ein Signal und bedeutete: Ihr dürft euch zwar nicht selbst verwalten, aber ihr dürft selbst wirtschaften. Deshalb bleibt bei uns, geht nicht nach Finnland!

Ob nun Rußland nach Europa kommt und wann – die Rückgabe des kommunistischen wie zaristischen Landraubs steht in absehbarer Zukunft sowieso auf der Tagesordnung der Kolonialgeschichte.

Es ist kaum vorstellbar, daß die Europa-Abgeordneten im Straßburger Europaparlament Rußland etwa mit dem stalinistischen Landraub aufnehmen werden, und in Ostasien haben China, Japan und Südkorea bereits damit begonnen, den Russen die fernöstliche Beute wieder abzujagen.

---

[1] Georgi Watschnadse, Rußland ohne Zensur, Seite 155

Japan fordert die südlichen Kurilen zurück

Die vier südlichen Kurilen – Etorofu, Kunashiri, Shikotan und Habomai – hatte Japan 1855 von Rußland erworben. Stalin hatte sie 1945 okkupiert, und 600 000 japanische Soldaten waren in Gefangenschaft geraten. Als Jelzin im Oktober 1993 Tokio besuchte, bat er Kaiser Akihito und Ministerpräsident Hosokawa im Namen der russischen Regierung um Verzeihung für jene 100 000 Soldaten, die in russischer Gefangenschaft umgekommen waren. Nach dem Essen mit japanischen Wirtschaftsführern sagte er: »Ich beuge vor Ihnen mein Haupt und entschuldige mich.« Im Anschluß daran bat er Japans Ministerpräsident um Hilfe für die Umschuldung von 26 Milliarden Dollar beim »Londoner Club«, der alle privaten Gläubiger Rußlands vertritt. Die südlichen Kurilen werde er entmilitarisieren und zur Industriezone erklären, aber die endgültige Entscheidung über die Inseln müsse man der nächsten Generation überlassen.

Er, Jelzin, gehe davon aus, daß Japan die zugesagte Finanzhilfe von 4,6 Milliarden Dollar an Rußland auszahlen werde. Bisher hatte Japan nur ein Zehntel davon bezahlt.

Was er verschwieg? Sein Koalitionspartner, die Armee mit ihren Generälen, hatte sich verweigert! Marschall Gratschow, der damalige Verteidigungsminister, hatte zuvor die Kurilen für urrussisch erklärt. Sie könnten nicht zurückgegeben werden.

Kurz zuvor hatte Jelzin übrigens die Kurilen besucht, die äußerst fischreich sind und jährlich 1,5 Millionen Tonnen Mintai-Fisch, Sardinen, Lachs, Krabben, Makrelen und Garnelen für mindestens zwei Milliarden Dollar liefern, dreimal soviel wie übrigens alle drei baltischen Staaten in der Ostsee fangen. Die Inseln bergen darüber hinaus Schätze von Gold, Silber und anderen Edelmetallen. Es gibt Vulkane, Geysire und idyllische Sandstrände. Danach meinte Jelzin, bevor er nach Tokio flog: »Diesen Reichtum darf man nicht weggeben.« Auch das war wieder der Tonfall eines Landräubers; denn als Präsident eines demokratischen Staates weiß Jelzin natürlich, daß die Kurilen aus rein völkerrechtlichen Gründen zurückzugeben sind, und zwar selbst dann, wenn sie sehr wertvoll sind.

Der sowjetische Partei- und Regierungschef Nikita Chruschtschow hatte sich schon einmal bereit erklärt, die begehrten Inseln an Japan zurückzugeben mit der Bemerkung: »Die Inseln werden vernachlässigt und nur von Fischern und unseren Streitkräften benutzt«, aber dabei blieb es. Breschnew stürzte Chruschtschow mit Hilfe der Roten Armee, und danach blieben die Inseln weiterhin russisch. Gorbatschow hatte vorgeschlagen, die südlichen Kurilen für einen internationalen Nationalpark sowie für den Tourismus zu erschließen, aber auch dieses Projekt kam nicht voran.

Der letzte Stand im japanisch-russischen Dauerstreit: Jetzt bietet Moskau an, die umstrittenen Inseln gemeinsam zu entwickeln, ohne die beiderseitigen Besitzansprüche zu beeinträchtigen. Japan soll das notwendige Know-how, sprich Kapital, investieren, das die Russen nicht haben, wohl aber die Menschen, deren Abwanderung dadurch gestoppt, deren Verbleib dadurch gesichert werden soll. Der ökonomische Nutzen wird geteilt. Dazu erklärte der russische Außenminister Jewgenij Primakow: Sein Vorschlag sei nicht etwa schon Teil zur Lösung der Territorialfrage, sondern diene der Klimaverbesserung, um den Boden für spätere Verhandlungen zu bereiten.

Es handelt sich hier ganz offensichtlich um einen diplomatischen »Eiertanz« mit Worten, die das Problem verschleiern, um Generalität, Kommunisten und Nationalisten zu beschwichtigen. In Wahrheit zeigt sich jedoch daran nichts anderes als das russische Unvermögen, die übergroßen eroberten Landstriche wirtschaftlich zu erschließen, während Chinesen, Japaner und Koreaner dazu in der Lage sind. Der Standort ist für sie günstiger, es handelt sich um eine kolonialisierte asiatische Region, die von Moskau auf Dauer weder völkerrechtlich noch ökonomisch zu halten ist.

China: Den Fernen Osten unblutig zurückerobern

Rußlands Ferner Osten liegt zwischen Baikalsee und dem Stillen Ozean. Dazu gehören die Regionen Amur, Chabarowsk und

Primorje mit der Haupt- und Hafenstadt Wladiwostok sowie die Halbinsel Kamtschatka, die Insel Sachalin und die Kurilen, die das Ochotskische Meer gegen den Pazifik abgrenzen. Das ganze Terrain ist fünfmal so groß wie Deutschland und hat acht Millionen Einwohner, überwiegend Russen. Die Region Primorje zwischen dem Ussuri und der Küste des Pazifiks hat zwei Millionen Einwohner. Sie ist halb so groß wie Deutschland und grenzt an drei chinesische Nachbarprovinzen, die mit 100 Millionen Menschen bevölkert sind. Seit dem Ende der Sowjetunion waren die Grenzen durchlässiger geworden. Zuerst kamen Händler von beiden Seiten, dann japanische und südkoreanische Geschäftsleute sowie immer mehr chinesische Bauern und Arbeiter, die immer seltener zurückfuhren. Sie bestellten brachliegendes Land, bauten Häuser. In nur wenigen Jahren wurde daraus fast eine Million chinesischer Siedler. Der Gouverneur der Nachbarprovinz Heilongjiang forderte mittlerweile seine Landsleute auf, Straßen zu bauen, die nach China hineinführen.

Die fernöstliche Fischfangflotte Rußlands liefert ihre Fänge schon lange nicht mehr an der heimatlichen Küste ab, sondern in japanischen Häfen oder lädt den Fang gleich auf hoher See in ausländische Schiffe um, meist zu Schleuderpreisen, aber eben illegal für eine Milliarde Dollar im Jahr, die nicht nach Moskau überwiesen werden. Bergarbeiter und Kraftwerker bekommen immer mal wieder monatelang keinen Lohn, weil die Betriebe ihre gegenseitigen Lieferungen nicht bezahlen. In Wladiwostok flog 1995 das zentrale Munitionsdepot der ganzen fernöstlichen Roten Armee in die Luft.

Ähnlich sieht es in den anderen Regionen des Fernen Ostens aus. Die Russen wandern scharenweise ins europäische Rußland zurück, und Chinsen drängen herein, aber Moskau will die Zuwanderer nicht hereinlassen. Die Anwesenheit von Chinesen in Rußland sei ein ernstes Problem geworden, so der ehemalige Außenminister Kosyrew bereits 1995. Die große Zahl einreisender Chinesen habe im russischen Fernen Osten die Furcht ausgelöst, daß die Russen im eigenen Land zur Minderheit werden könnten. Deshalb müsse die Einreise erschwert und begrenzt werden. Doch die Hilflosigkeit russischer Behörden ist nicht mehr zu übersehen. Ausländische Schiffe überqueren unkontrolliert die Seegrenzen vor Wladiwostok. Zeitweise sieht es schon so aus, als hätte Moskau die Provinz Primorje mitsamt den dort stationierten Streitkräften bereits abgeschrieben.

Lokale Behörden wie Betriebsdirektoren klagen über unerträgliche Moskauer Bevormundung. Sie müßten jede noch so kleine Investition zur Genehmigung einreichen, während Japaner und Südkoreaner tagtäglich mit Projektideen, mit Konzepten und Geld vorsprächen. Die Amerikaner hätten Sachalin ans Satellitennetz angeschlossen, aber nach Moskau müßten Ferngespräche angemeldet werden.

Die Beziehungen zwischen dem Fernen Osten und Moskau sind von Grund auf gestört, die Verbitterung wächst, so daß die Meinungen zweigeteilt sind. Sie schwanken zwischen Abspaltung oder bei Rußland bleiben hin und her. Der Trend zur eigenen Souveränität wächst.

Sachalins vormaliger Gouverneur, Professor Fjodorow, glaubte schon 1992 nicht mehr daran, daß innerhalb der Russischen Föderation die Marktwirtschaft funktionieren wird, und schlug deshalb eine Sonderwirtschaftszone für Sachalin, die Kurilen und Japans nördliche Insel Hokaido vor, allerdings ohne die Staatsgrenzen aufzuheben, aber Moskau ging auf diesen Vorschlag nicht ein.[1] Dennoch holte ihn Jelzin als Wirtschaftsminister nach Moskau.

Anfang 1992 wurden in Moskau die Sieger des internationalen Wettbewerbs zur Erschließung des Festlandsockels Sachalins ermittelt. Sieger wurde der japanische Konzern Mitsui gemeinsam mit den amerikanischen Fördergesellschaften Marathon und McDermott. Die Ausschreibung zog sich über 20 Jahre hin, und das Ende ist auch jetzt noch nicht abzusehen. Moskau will nicht zugestehen, daß der Gewinn in Sachalin verbleibt, sondern will diesen für sich reservieren.[2]

Den Russen im Fernen Osten erscheint die Moskauer Zentrale einmal schlichtweg ausbeuterisch, manchmal aber wie gelähmt.

---

[1] G. Watschnadse, Rußland ohne Zensur, Seite 99
[2] Ebenda, Seite 99

Doch dieser Anschein ist trügerisch. In Wahrheit verweigert Moskau den Republiken jedwede föderative Selbständigkeit, jeden Anteil am Nutzen der regionalen Initiative, weil es die Gewinne fast ausschließlich zentral beansprucht. Dieses Fehlverhalten beschleunigt zweifellos Rußlands Auflösung und Zerfall und begünstigt Abspaltungen.

Japaner wie Chinesen und Koreaner, die die russische Unfähigkeit nun schon seit geraumer Zeit vor Ort erleben, können dies bei weitem auch besser deuten als etwa Europäer. Sie lassen keinen Zweifel daran, daß die russische Präsenz im Fernen Osten einen rein kolonialen und imperialen Charakter hat und daß ihre Zeit jetzt abläuft. Sie prophezeien deshalb, daß sich die fernöstlichen Republiken zunächst die volle föderale Selbständigkeit im Rahmen Rußlands holen, um danach ihre volle Souveränität zu proklamieren. Sie werden sich dann wirtschaftlich wie politisch voll und ganz nach Japan oder aber auch auf China und Südkorea hin orientieren. In diesem Prozeß wird es unvermeidlich zu Grenzkorrekturen kommen. Japan wird von der fernöstlichen Republik nicht nur die vier südlichen Kurilen-Inseln käuflich erwerben, sondern die ganzen Kurilen. Das größte Interesse aber hat Japan am Erwerb der Insel Sachalin. China wird sich nicht nur Primorje mit Wladiwostok ganz einverleiben, sondern das ganze Gebiet bis zum Amur. Selbst Jakutien gerät noch in die zukünftige chinesische Interessensphäre.

Diese umwälzenden Veränderungen im Fernen Osten, die ökonomisch wie geopolitisch unvermeidbar und unaufhaltsam auf die Russen zukommen, werden bis nach Sibirien hinein wirken. Sie werden Jakutien ebenso aus der Russischen Föderation herauslösen wie andere mittelsibirische Gebiete. Nur der Ural und Tjumen bis zum Ob werden höchstwahrscheinlich russisch bleiben.

Ungarn wartet auf Siebenbürgen und Transkarpatien

Nach dem Zweiten Weltkrieg verlagerte Stalin rücksichtslos die Grenzen der Sowjetunion nach Westen. Die Rote Armee stationierte ihre Raketen im Thüringer Wald auf dem Inselsberg, und vom Brocken herab schauten und lauschten die russischen Späher weit nach Westdeutschland hinein. Polen, Tschechoslowaken, Ungarn und Rumänen waren Satelliten geworden, und wie ein Gletscher der Sowjetunion vorgelagert. Zu diesen Staaten gab es problemlose Landzugänge, bis auf Ungarn. Da war die Slowakei vorgelagert, die sich nach Osten hin bis ins alte österreichisch-ungarische Transkarpatien hinein erstreckte. Dadurch versperrte sie den Russen den direkten Landzugang nach Ungarn.

Was lag da näher, als die östliche Slowakei einfach abzutrennen, um einen direkten Landzugang nach Ungarn zu bekommen. Das klingt heute zwar unglaublich, dennoch war es so: Stalin trennte Transkarpatien mit 600 000 Einwohnern, darunter Slowaken, Ruthenen, Ungarn und Deutsche, allein aus militärstrategischen Gründen von der Slowakei ab.

Der ungarische Volksaufstand bestätigte übrigens 1956, wie realistisch Stalins Überlegungen von Moskau aus gesehen waren.

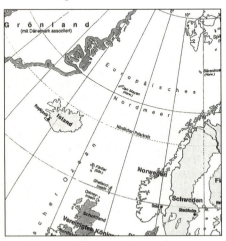

* Skizze, Süddeutsche Zeitung, 18.9.1996, S. 3

Die Skizze mit den kleinen Städten Uschgorod, Mukatschewo und Beregowo markiert das heute selbst in Mitteleuropa fast völlig vergessene Transkarpatien. Russen oder Ukrainer waren wir nie, sagen die Leute. Das Land gehörte seit 896, also seit 1000 Jahren, zu Ungarn, von

1920 an zur Tschechoslowakei, seit 1938 gehörte es zur Slowakei, 1945 kam es zur Sowjetunion, seit 1990 liegt es in der Ukraine. Ältere Einwohner hatten folglich in den letzten 80 Jahren fünf verschiedene Staatsangehörigkeiten, und die Leute haben nur noch eine Sehnsucht: zurück in die Vergangenheit, egal, ob sie slowakisch oder ungarisch ist. In der Mehrheit sind die Leute Ruthenen, worauf sie stolz sind, in der Minderheit Slowaken und Ungarn, und die Ruthenen, die mehrheitlich jenseits der Karpaten in der Bukowina leben, hätten am liebsten einen eigenen Staat.

Für die Ungarn ist Transkarpatien sogar zweifach mit schmerzlichen Erinnerungen verbunden; denn vor dem Landraub durch Stalin 1945 war ihnen das Land bereits 1920 mit dem Vertrag von Trianon weggenommen worden, und zwar durch die Sieger des Ersten Weltkriegs, durch England und Frankreich.

Fest steht jedenfalls: Der Stalinsche Landraub, Transkarpatien, war schon Bestandteil von Trianon, und seitdem Jugoslawien zerfallen ist, will das neue demokratische Ungarn, das in die EU hineindrängt, diesen Vertrag mit großer Entschlossenheit ändern, aufheben oder für unwirksam erklären, wie immer Außenstehende das nennen.

Die Art und Weise, wie Slowenen, Serben und Kroaten den Vertrag von Trianon zerbrachen, so als hätte es diesen nie gegeben, hat die Ungarn nicht nur nachdenklich oder hellwach gemacht, sie sind jetzt fest entschlossen, Trianon gleichfalls zu revidieren. Erstens bestätigt nämlich der Zerfall Jugoslawiens samt dem brutalen Bürgerkrieg in Bosnien-Herzegowina mit über 200 000 Toten, meist ermordeten Frauen, Kindern und Alten, wie falsch, wie unrealistisch, wie lebens- und politikfremd die Friedensregelungen von 1920 von Beginn an für die meisten Völker des Balkans waren. Zweitens war Ungarn damals von den Siegermächten so unglaublich überhart bestraft worden wie nicht einmal Deutschland in Versailles oder Österreich in St. Germain. Ungarn verlor 71 Prozent seines Territoriums und 64 Prozent seiner Einwohner an die Nachbarstaaten.

Es verlor Kroatien, Slawonien, Siebenbürgen, die Slowakei, Teile des Burgenlandes, der Batschka und des Banats, in denen heute noch über fünf Millionen Ungarn unter fremden Völkern als nationale Minderheit zu leben gezwungen sind.

Die nachfolgende Karte plakatiert eindrucksvoll das ganze Ausmaß von Ungarns nationaler Tragödie, mit Rest-Ungarn in der Mitte nach 71 Prozent Gebietsverlust durch den Vertrag von Trianon (1920).

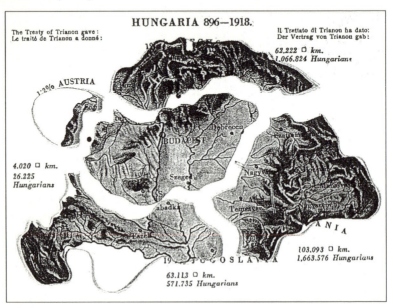

Die Ungarn fühlen sich als Volk benachteiligt und gedemütigt, nicht nur wegen der unverhältnismäßig großen Gebietsverluste, sondern vor allem auch, weil heute fünf Millionen Landsleute im benachbarten Ausland leben müssen, von dem sie meistens nicht einmal die kulturelle Autonomie zugestanden bekamen:

0,1 Millionen im österreichischen Burgenland
0,6 Millionen in der serbischen Woiwodina
0,6 Millionen im kroatischen Slawonien
0,6 Millionen im ukrainischen Transkarpatien
0,6 Millionen im slowakischen Randgebiet
2,0 Millionen im rumänischen Siebenbürgen
_____

5,0 Millionen Ungarn leben im benachbarten Ausland

Die Stimmung in Ungarn ist heute so, daß der zwischenzeitlich verstorbene, hochangesehene Ministerpräsident Antall 1993, sofort nach seinem Amtsantritt, sagte: Er fühle sich als Premier in den Herzen von 15 Millionen Ungarn – obwohl nur zehn Millionen innerhalb der Landesgrenzen wohnen. Als Mitterand das Land besuchte, und zwar als erster westlicher Präsident nach der Wende sowie als Exponent jener Siegermacht, die Trianon zuallererst zu verantworten hatte, wäre es fast zum Eklat gekommen. Die Ungarn hatten auf der Tagesordnung Gespräche über Trianon festgeschrieben, und trotz französischer Ablehnung dieses Tagesordnungspunktes beharrten sie bis zum allerletzten Augenblick darauf, bis Mitterand den ganzen Besuch deshalb platzen lassen wollte. Da erst lenkte Budapest ein. Doch kaum saß Mitterand wieder im Flugzeug, holte die gesamte ungarische Presse das Thema Trianon via Schlagzeilen wieder in den Alltag der ungarischen Öffentlichkeit zurück.

Ungarn ist Mitglied des Europarats, möchte so schnell wie möglich in die EU, und außerdem gehört es zu den Kandidaten der NATO-Osterweiterung. Da die Grenzen innerhalb der EU später auch für Ungarn wegfallen, hält sich Budapest in seiner nationalen Frage doch sehr zivilisiert zurück – jedenfalls verglichen mit Serben und Kroaten. Aber was wird, wenn die EU-Grenzen nicht fallen und wir ein Europa der Vaterländer bekommen?

Bis zur EU-Mitgliedschaft wird es wohl noch einige Jahre dauern, aber das kann sich auch noch länger hinziehen. Tatsache ist jedenfalls, daß der Balkan- sowie der Bosnienkonflikt nicht beigelegt sind, sondern jederzeit wieder ausbrechen können. Die nächsten Pulverfässer, der Kosovo, Montenegro und Mazedonien, werden längst öffentlich gehandelt, und Kenner der Szenerie sind sich ziemlich sicher, daß die bosnischen Serben auf Dauer nicht bei Bosnien bleiben werden, sondern sich den Belgrader Serben anzuschließen versuchen, falls sie nicht gar einen neuen Krieg entfachen, und zwar um diese oder jene Region Bosniens, die ihrer Meinung nach zu Serbien gehören müßte. Seit geraumer Zeit wird aber auch Siebenbürgen als Pulverfaß bezeichnet, und die Lunte dazu, das ist die Verweigerung der kulturellen

Autonomie für die zwei Millionen ungarischen Siebenbürger durch Bukarest. Es verwundert deshalb nicht, wenn Ungarn wie Rumänen gegen den allgemeinen Abrüstungstrend ihre militärische Rüstung modernisieren und aufstocken.

Bereits vor Jahren hatte sich die ungarische Regierung vertrauensvoll an den deutschen Bundeskanzler gewandt, um Panzer vom Typ Leopard zu erwerben. Doch Helmut Kohl lehnte ab, weil er den Balkankonflikt nicht noch zusätzlich anheizen wollte. Kürzlich besorgte sich Budapest deshalb eines der modernsten Jagdflugzeuge der Welt, die Mig 29, was bei den Nachbarn heftige Proteste auslöste. Moskau verrechnete die Lieferung der 28 Jäger mit russischen Altschulden, so daß nicht einmal der ungarische Verteidigungshaushalt strapaziert wurde. Hinzu kamen hochmoderne S-300 Boden-Luft-Raketen sowie ein amerikanisches Flugleitsystem zur Freund-Feind-Erkennung, so daß die Ungarn über Nacht nicht nur die Luftüberlegenheit errangen, sie wurden darüber hinaus die modernste Militärmacht des Balkans. Dazu Verteidigungsminister Lajos Für, als ihm »Aufrüstung« vorgeworfen wurde: Ungarn bliebe damit bei den Abrüstungsverträgen unterhalb der vorgesehenen Obergrenze.

Das läßt zumindest die Vermutung zu, daß die Ungarn beim nächsten Balkankonflikt mitmischen werden, um Grenzen, die bisher nicht friedlich verändert werden konnten, militärisch zu verändern. Dabei ergeben sich höchst interessante Koalitionen, beispielsweise im Zusammenwirken mit Kroatien beim nächsten Bosnienkrieg zur Zurückerlangung der heute serbischen Woiwodina. Es könnte aber auch der Fall sein, daß die ungarische Rüstung beruhigend sowohl auf die Belgrader als auch auf die bosnischen Serben wirkt.

Die Albaner – Europas unglücklichste Familie

Auf einer Balkankonferenz der Münchner Hanns-Seidel-Stiftung äußerten sich einige Teilnehmer ziemlich ungeniert über die außenpolitischen Standpunkte ihrer Regierungen. General

François Mermet, Präsident des sicherheitspolitischen Think tank STRATCO in Paris, erklärte: Deutschland, 1991 noch im Freiheits- und Selbstbestimmungstaumel, setzte in der EU die Anerkennung Kroatiens und Sloweniens durch. Frankreich hielt zu den Serben, »um nicht nach 70 Jahren doch noch den Ersten Weltkrieg zu verlieren«, und Großbritannien verlegte sich auf eine »Wait and see«-Politik, die an die Zeiten der Splendid isolation erinnerte. Ein gemeinsames Konzept der Europäischen Union habe es nicht gegeben, so Mermet; und dann sagte der General weiter, dies sei auch schon die Lehre aus den letzten vier Jahren: EU, UNO, WEU, NATO, OSZE – das sei zuviel.
Der SPIEGEL setzte zu diesem Thema noch eins drauf. Die EU-Balkanbeauftragten seien »zu Karikaturen verkommene Friedensvermittler geworden. Von den rat- und hilflosen Vereinten Nationen, der EU wie den USA entsandt, hatten sie immer neue Konferenzen einberufen, um sich am Ende doch mit den Fakten auf den Schlachtfeldern abzufinden.«[1] Damit waren der Brite Lord Owen und der Schwede Bildt gemeint, die beide nicht nur die europäische Hilflosigkeit personifizierten, wie manche heute noch meinen; sie retteten darüber hinaus für Frankreich und England noch einmal das Ergebnis des Ersten Weltkriegs. Doch derart einfache Zusammenhänge haben eben mittlerweile auch die Ungarn begriffen, und sie werden deshalb Trianon so oder so korrigieren. Im weiteren Verlauf der Konferenz war der allgemeine Tenor auf die »Pulverfässer« Kosovo und Mazedonien gerichtet, so daß im schlimmsten Fall der ganze Balkan – von Serbien über Bulgarien und Albanien bis Griechenland und die Türkei – in die Luft fliegen könnte.
Die ungarische Haltung ist folglich keineswegs primitiver Nationalismus. Sie stimmt mit dem Völkerrecht völlig überein, sie ist richtig und stellvertretend sogar vorbildlich für andere Völker, wie beispielsweise für die Albaner, die als Volk von normaler Größe von den Europäern stets als das kleine Albanien betrachtet wurden, was letztlich jedoch nie der Realität entsprochen hat. Neben der 3,3-Millionen-Bevölkerung leben 1,8 Mil-

---

[1] DER SPIEGEL 1/1994, S. 99

lionen Albaner im Kosovo, 0,3 Millionen in Mazedonien und knapp 100 000 in Montenegro. Es gibt folglich mindestens 5,5 Millionen Albaner, die, wie alle anderen, endlich ihren eigenen Staat haben wollen.

Sie sind Reste der Illyrer, die bereits während der Antike hier ansässig waren, also lange bevor Bulgaren und Ungarn eine Rolle auf dem Balkan spielten. Serben und Kroaten, die erst während des 7. Jahrhunderts ihre heutigen Siedlungsgebiete erreichten, gewannen bald die Oberhand und verdrängten die Albaner im Laufe der Zeit aus den Köpfen der europäischen Politiker.

Jedenfalls haben die europäischen Großmächte auf der Londoner Konferenz 1913 das albanische Volk höchst diskriminierend auf mehrere Staaten aufgeteilt, verteilt und es seither zum ärmsten Volk Europas gemacht. Es war und ist gegen jede politische Vernunft, daß sieben Millionen Serben zwei Millionen Albaner beherrschen. Deshalb sollte die erfolgreiche Konferenz von Dayton wieder aufgenommen werden, bevor der Kosovo »explodiert«.

Erwin Rommel, der vormalige Oberbürgermeister Stuttgarts, sagte einmal: »Die Parteien wissen nicht, was die Bevölkerung wirklich bewegt!« Abgewandelt bedeutet das für die Regierungschefs und Kommissare der Europäischen Union: Sie wissen nicht, daß die Völker des Balkans alle im eigenen Staat leben wollen!

Die Serben fordern das, Ungarn, Albaner und Rumänen ebenfalls, ja selbst die bosnischen Moslems. Aber die Politiker der Europäischen Union hören nicht zu. Sie projektieren erneut ein multikulturelles Bosnien, obwohl die bosnischen Moslems einen eigenen Staat wünschen, die bosnischen Kroaten nach Kroatien und die bosnischen Serben nach Serbien wollen.

Darüber hinaus wurde Mazedonien gegründet, obwohl es ein mazedonisches Volk überhaupt nicht mehr gibt. Mazedonien hat zwei Millionen Einwohner, darunter Serben, Albaner, Bulgaren, Griechen, Türken und andere Minderheiten. Alle Nachbarstaaten erheben Ansprüche auf Gebietsteile und Bevölkerungsgruppen, so daß im Sinne der Volkswünsche vorgegangen werden könnte. Doch statt die wichtigsten Bevölkerungsgruppen samt dem dazugehörigen Land an Serbien, Albanien, Bulgarien oder Griechenland zu delegieren, wurde im Stil des untergegangenen Jugoslawien ein neues multikulturelles »Pulverfaß« angelegt – bis obenhin mit Pulver gefüllt.

Denn wenn derartige Konstruktionen auf dem Balkan bereits zu Zeiten der K.u.K.-Monarchie und des serbisch dominierten Jugoslawien gescheitert sind, dann kann das auch in Mazedonien nicht funktionieren.

Das Tüpfelchen auf das i aber setzten die Griechen. Nachdem sie bereits seit Jahren mit den Türken im Clinch liegen, streiten sie nun auch noch mit Mazedonien um den Namen der Republik.

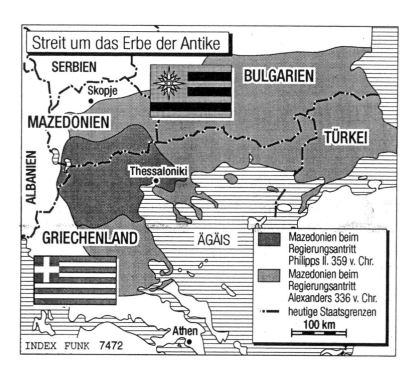

Moldawien will nach Rumänien zurück

Moldawien, das Land an der Moldau, was soviel wie »milde Au« bedeutet, liegt östlich von Rumänien und erstreckt sich bis über den Dnjestr (rum. Nistru) hinweg. Die Hauptstadt ist Kischinew. Moldawien hat 4,3 Millionen Einwohner, davon 3,3 Millionen rumänischer Abstammung. Mit 33 700 Quadratkilometern entspricht seine Größe etwa der Nordrhein-Westfalens. Als Folge des Hitler-Stalin-Pakts war dieser rumänische Landesteil 1940 an die Sowjetunion gefallen, doch 1991 erklärte sich die Republik Moldawien für unabhängig und will sich darüber hinaus mit Rumänien wiedervereinigen. Doch es gibt Probleme. Östlich des Dnjestr hatten sich Russen angesiedelt, die sich gegen den Anschluß an Rumänien stellten. Es kam zum Bürgerkrieg zwischen Russen und Rumänen. Zunächst hatte die dort stationierte 14. russische Armee die Separatisten unterstützt, die sich von Moldawien abspalten wollten, doch dann beendete General Lebed als Kommandeur der 14. Armee die Kämpfe. Unterhändler beider Seiten einigten sich im Sommer 1992 darauf, daß die Armee im Verlauf von drei Jahren abzieht. Seither gibt es eine »Dnjestr-Republik« östlich des Dnjestr, die an die Ukraine angrenzt, sowie politische Kräfte, die sich dem Anschluß an Rumänien widersetzen. Beide Seiten warten auf eine demokratische Mehrheit im Moskauer Parlament, die den Anschluß an Rumänien nicht mehr verhindert.

Das bedeutet: Das erst im Ansatz demokratische Rußland mit Jelzins militärisch abgestützter Präsidialdiktatur ist derzeit nicht bereit oder nicht in der Lage, weder die südlichen Kurilen noch Ostkarelien oder Moldawien freizugeben. Alles hängt deshalb von der weiteren politischen Entwicklung in Moskau ab. Mit Jelzin allerdings, das ist eine feste Größe, geht der Trend in Richtung Demokratie, Marktwirtschaft und Europa. Erst wenn eine echte demokratische Mehrheit im russischen Parlament zustande kommt, wäre eventuell eine Rückgabe des Stalinschen Landraubs möglich, in die auch die beiden nach dem Ersten Weltkrieg an Polen gefallenen Bezirke Grodno und Lemberg eingebunden werden könnten, die Weißrußland und die Ukraine betreffen.

Die polnischen Zeitbomben Grodno und Lemberg

Die Geschichte Polens beginnt um das Jahr 960, als Mieszko I. in der heutigen Provinz Posen den ersten polnischen Staat gründete, der zunächst noch im Lehensverhältnis zu den ottonischen Kaisern stand, jedoch während der Regentschaft seines Sohnes Boleslaw I. Chrobry immer mehr eine selbständige Politik betrieb. Seine größte Ausdehnung erreichte Polen unter den Jagellonen im 15. Jahrhundert, nachdem es sich mit Litauen vereinigt hatte. Dadurch war es vorübergehend zur osteuropäischen Großmacht geworden, deren Grenzen sich bis kurz vor Moskau und bis zum Schwarzen Meer hin erstreckten. Durch inneren Streit und Unruhen erschüttert sowie durch den Krieg gegen Schweden, verlor Polen seine Großmachtstellung und wurde zum Spielball fremder Mächte.

Von Katharina der Großen ausgehend, einigten sich Rußland, Österreich und Preußen 1772 auf die erste Teilung Polens, 1792 kam die zweite Teilung dazu, und mit der dritten Teilung, am 24. Oktober 1795, hörte Polen auf zu existieren. Preußen hatte damals den Netze-Distrikt, das Kulmer Land, das Bistum Ermland, ganz Westpreußen und das mittlere Polen bis Warschau erhalten. Österreich nahm sich ganz Galizien und Ladomerien mit Krakau, Lemberg sowie der Bukowina mit Tschernowitz. Rußland besetzte ganz Litauen, Weißrußland und die restliche nördliche Ukraine. Mit dem Wiener Kongreß entstand Polen als russisches Protektorat neu, aber nach dem Aufstand von 1830 fiel das ganze Kongreß-Polen mit der Hauptstadt Warschau erneut für fast 90 Jahre an das zaristische Rußland.

Seit der Neugründung durch das Deutsche Reich und Österreich-Ungarn 1916 eroberte Polen unter Marschall Pilsudski im Osten das Land bis zum San-Bug-Gebiet zurück, doch mit dem Stalinschen Landraub von 1945 verlor es erneut all jene östlichen Gebiete an die Sowjetunion, die die Zaren bereits während der drei Teilungen von Polen abgetrennt hatten. Das bedeutet, ganz Ostpolen gehört weder historisch noch völkerrechtlich zu Weißrußland oder zur Ukraine.

Deutschland und Österreich hingegen besitzen von den früheren polnischen Teilungen keinen einzigen Quadratmeter mehr. Darüber hinaus gibt es noch ein paar typische Stalinsche Übertreibungen. Er nahm zu den früheren zaristischen »Erwerbungen« noch einige Teile Polens zusätzlich weg, wie Lemberg und Transkarpatien, die früher zur Habsburger Monarchie gehört hatten. Und Rumänien mußte neben Moldawien im Norden auch noch die Bukowina an die Sowjetunion abtreten, die früher einmal zu Polen gehört hatte.

Nun gut, die vormaligen polnischen Ostgebiete waren bis etwa zur Hälfte weißrussisch oder ukrainisch bevölkert, aber bis zur Bug-San-Linie, auf Lemberg und die Bukowina, schauen viele Polen heute noch mit leidvoller Erinnerung und voller Wehmut hin, weil diese Gebiete, wie auch der Bezirk Grodno, zum alten Polen gehört hatten. Von diesen vertriebenen Polen leben heute Millionen mit Kindern und Enkeln in Schlesien und Pommern.

Die Frage, die sich aufdrängt: Was fangen die jungen Demokratien Ukraine und Weißrußland mit dem kommunistischen Landraub an, der ihnen ohne jede eigene Schuld zugefallen ist?

Das einschlägige Völkerrecht ist hier, was diesen Punkt betrifft, ziemlich eindeutig. Danach kann durch Krieg kein Land erworben werden, auch nicht rückwirkend. Fest steht weiterhin, die Polen haben heute wieder mehr Angst vor den Russen als vor den Deutschen. Deshalb möchten sie mit den Deutschen in der NATO sein, die sie vor den Russen schützt. Aber dieser Zustand löst das Problem weder für die Menschen noch für das Land.

VI.
Europas größte politische Innovation? Rußland für die Europäische Union gewinnen!

Rußlands Größe – Rußlands Unglück!

Ein Blick auf den europäischen Kontinent erinnert uns daran, daß im westlichen Teil 650 Millionen Menschen leben; die ganze östliche Hälfte hingegen bedeckt die Russische Föderation mit gerade mal 130 Millionen Einwohnern im europäischen Rußland. Die östliche Hälfte unseres Kontinents ist so unendlich groß, daß selbst die Ukraine und Weißrußland, rein geographisch gesehen, noch auf die westliche Hälfte entfallen, gemeinsam mit 15 EU-Staaten und weiteren ca. 20 Ländern, während die östliche Hälfte nur die Russische Föderation beherbergt. Allerdings leben dort gleichfalls mehr als 30 verschiedene Völker, nur eben nicht souverän im eigenen Staat.

Weiterhin sollten wir uns in Erinnerung rufen, daß gerade Europas Völkervielfalt hauptverantwortlich war für unseren kulturellen, politischen und wirtschaftlichen Aufstieg und daß diese durch die vielfältigste geographische Gliederung, die es auf der Erde überhaupt gibt, begünstigt wurde. Wenn dem so ist, warum sollten dann die Europäer weiterhin zuschauen, wie die Russen in der östlichen Hälfte unseres Kontinents die dort ansässigen zahlreichen Völker en bloque beherrschen, sich dabei übernehmen und außerdem noch alle anderen in ihrer Entwicklung behindern?

Wie wir aus der russischen Geschichte wissen, konnten die Russen wegen des übergroßen Landerwerbs ihr Land weder optimal entwickeln, noch gelangten sie jemals zu Wohlstand. Sie blieben vielmehr, gemeinsam mit Ukrainern und Weißrussen, das ärmste Land Europas.

Wenn die Russische Föderation folglich keine echte, tragfähige eigenständige Alternative zur Europäischen Union besitzt, dann drängt sich eine Aufgliederung in souveräne Republiken buchstäblich wie von selbst auf, und zwar im Interesse Rußlands, im Interesse jedes einzelnen Volkes, das jetzt noch zur Föderation gehört, wie im Interesse ganz Europas. Alle Europäer können deshalb durchaus erwarten, daß die völkerrechtlich wie geopolitisch, wirtschaftlich wie föderal längst überfällige Völker- und Staatenvielfalt in Osteuropa von den Russen noch selbst umgesetzt wird, bevor sie Mitglied der EU werden. Letztlich bedeutet das: Die Tschetschenienfrage ist eigentlich keine Frage mehr. Hier handelt es sich im Grunde genommen um einen höchst überflüssigen, weil historisch längst überholten Konflikt, der stellvertretend auch für alle anderen Völker Rußlands jetzt auf die Tagesordnung der russischen Geschichte gehört.

Rußland braucht zum Wohlergehen aller seiner Völker wie für sich selbst dringend mehr staatliche Vielfalt. Denn im Gegensatz zu dem, was die derzeitige Moskauer Elite glaubt, von Ruzkoi bis Chaspulatow, von Sjuganow bis Schirinowski, von Gorbatschow, Gratschow bis zu Tschernomyrdin, ist der ökonomische Nutzen für Rußland durch die Zusammenarbeit mit unabhängigen, souveränen und befreundeten Nachbarstaaten bedeutend größer als über die ausbeuterische, koloniale Methode mit abhängigen Völkern innerhalb der Föderation.

Das ist die Lektion, die die Russen jetzt zu lernen haben. Noch ist es nicht zu spät. Sie können zudem einen Teil ihres kolonialen Erbes noch sehr vorteilhaft versilbern und dabei sogar reich werden, wenn sie es richtig machen.

Bereits die Sowjetunion konnte sich mit der größten landwirtschaftlichen Nutzfläche der Welt nicht selbst ernähren, sondern mußte große Teile der Erlöse aus Erdgas- und Erdölexporten für Getreide-, Fleisch- und Buttereinfuhren verwenden. In der gleichen Lage ist das demokratische Rußland, das diese überholte Handelspolitik fortsetzen muß.

Das große, an Rohstoffressourcen so unendlich reiche Rußland ist bettelarm. Alle sowjetischen Generalsekretäre der KPdSU mußten bereits beim Klassenfeind, bei der Weltbank, wie bei den NATO-Regierungen stets hausieren gehen, aber auch das demokratische Rußland hat nie Geld. Der gleiche Jelzin, der zum Sturz der Kommunisten mutterseelenallein auf einen Panzer kletterte, der den Präsidentenpalast zunächst zusammenschießen und danach erstürmen ließ, als die Kommunisten gegen ihn putschten, der gleiche Jelzin, der am 50. Jahrestag des Endes des Zweiten Weltkrieges darauf bestand, daß Rußland, bitte schön, mit »Sie« anzusprechen sei, der gleiche Mann bettelt ununterbrochen für sein armes Land um Geld, bei Clinton und Kohl, ja sogar bei Frankreichs Chirac oder bei Englands Major, obwohl dort meist gar nichts oder nur kleine Summen zu holen sind.

Das mit Abstand immer noch größte Land der Welt, das also im Übermaß Grund und Boden besitzt, hat kein Geld. Aber warum verkauft dann die russische Regierung nicht wenigstens einmal ein Stück Land, ein ganz bestimmtes Gebiet, für das es konkret Interessenten gibt – gegen großes Geld, was ohne weiteres möglich ist. Erstens ist es in der Wirtschaft völlig normal, daß sich ein Unternehmen von Immobilien oder Betriebsteilen trennt, wenn es illiquide zu werden droht oder seine Existenz gefährdet ist. Zweitens haben die Zaren ja schon einmal Mitte des vorigen Jahrhunderts ganz Alaska für fünf Millionen Dollar an die Amerikaner verkauft. Wann bietet deshalb Rußland endlich Japan die gesamte Insel Sachalin zum Kauf an, wofür das übervölkerte, stark erdbebengefährdete Japan, das aus Landnot kilometerhohe Wolkenkratzer hochzieht und ins Meer hinausbaut, Hunderte von Milliarden Dollar zahlen würde? Damit käme Rußland schlagartig aus Geldmangel, Schulden und Not heraus! Statt zu betteln, die Armee hungern zu lassen, so daß die Gefahr besteht, daß diese in absehbarer Zeit vielleicht sogar meutert, auf den Kreml marschiert und die Regierung stürzt, wäre der Verkauf von Sachalin für jedermann eine leichtverständliche Sache, an der konkret sowohl die Armee wie die Bevölkerung beteiligt werden könnte.

Die Insel Sachalin an Japan verkaufen, um Rußland zu sanieren

Für Rußlands Weg nach Straßburg und Brüssel ist die erste Etappe eingeleitet, die Weichen sind auf Demokratie, Markt und privates Eigentum gestellt, selbst wenn beides noch nicht funktioniert. Rußland ist Mitglied des Europarats. Aller Voraussicht nach darf Tschetschenien wohl auch in fünf Jahren noch nicht aus der Föderation austreten, aber so ganz sicher ist diese Variante keineswegs. Bis auf weiteres wird das kleine, tapfere Volk, das ja nur eine Million Einwohner zählt, mit fast 100prozentiger Autonomie an Rußland gebunden bleiben, aber der Verkauf von Sachalin an Japan wäre politisch machbar. Er wird ohne Prestigeverlust die größten Probleme lösen helfen, manches zum Guten hin wenden. Er wird das Selbstvertrauen der Menschen wiederherstellen, den Glauben an Rußland wie an die Demokratie.

Selbst die brüchige Konföderation könnte zusammenhalten, falls die Zentrale im letzten Moment doch noch Kompetenzen samt Steueraufkommen zur echten Selbstverwaltung nach unten an die Regionen delegiert, so daß dort funktionstüchtige Länderregierungen entstehen.

Der Verkauf der Insel Sachalin wird zwingend notwendig, er wird unvermeidbar; denn mittlerweile ist Rußland weder mit einigen noch mit vielen Milliarden Dollar zu retten. Benötigt wird vielmehr eine Riesensumme, die das ganze Desaster des Landes mühelos aufwiegt. Das gelingt nur mit einem Dollarbetrag, der jenseits aller bisherigen Vorstellungen liegt. Darüber hinaus wird ein außergewöhnlich potenter Käufer benötigt, der geradezu strategisches, ja fast existentielles Interesse am Erwerb der Insel Sachalin hat. All das trifft auf Japan, und nur auf Japan zu. Andere Interessenten und Käufer, die einen Betrag von mehreren hundert Milliarden Dollar zahlen könnten, gibt es nicht.

Natürlich würde Japan auch auf das asiatische Festland übergreifen, wie schon einmal in seiner Geschichte während der dreißiger Jahre, als es das ganze nordöstliche China, die Mandschurei, annektierte. Nur dürfte eine derartige Aggression gegen das aufsteigende China, das im Gegensatz zu Japan auch noch Atomwaffen besitzt, völlig ausgeschlossen sein. Das würde heute nicht einmal mehr mit jenen Gebieten gelingen, die noch zu Rußland gehören. Japan unmittelbar gegenüber liegen Wladiwostok und Chabarowsk, begrenzt von Amur und Ussuri. Hier handelt es sich um chinesisches Territorium, das erst vor 100 Jahren verlorenging und das China erklärtermaßen zurückverlangt. Auf Sachalin hingegen hat Peking keinen Anspruch. Japan hat eine etwas größere Fläche als Deutschland. Mit 126 Millionen Einwohnern leben pro Quadratkilometer 333 Einwohner. Damit ist Japan nach den Niederlanden, in denen über 380 Einwohner pro Quadratkilometer leben, das am dichtesten besiedelte Land der Welt. Die Niederländer haben längst alle Wälder abgeholzt. Das vorhandene Land wird intensiv genutzt, und neues Land wird dem Meer mit Dämmen und gewaltigen Schleusen abgerungen; denn die Bevölkerung wächst jährlich um über 100 000.

So einen Luxus kann sich Japan schon lange nicht mehr leisten. Das Land ist dicht bewaldet, sehr hochgebirgig mit zahlreichen 2000 bis 3000 Meter hohen Bergen, so daß die Menschen in Küstennähe dicht zusammengedrängt leben müssen. Allein in den Regionen Tokio-Yokohama, Osaka-Kobe-Kyoto und Nagoya leben 80 Millionen, also 60 Prozent aller Japaner dicht zusammengepfercht auf nicht einmal zehn Prozent des Landes. Wie China bremst deshalb auch Japan seit geraumer Zeit den Geburtenzuwachs ab. Viele Japaner wandern aus, so zum Beispiel nach Brasilien.

Für die zweitgrößte Wirtschaftsmacht der Welt ist die eigene, kleine Insel das größte Handicap, fast wie ein Alptraum; denn die überbevölkerte kleine Insel ist zusätzlich noch stark erdbebengefährdet. Voller Neid schauen die ehrgeizigen Japaner auf den riesigen Flächenstaat USA mit 270 Millionen Einwohnern, dem pro Jahr noch zwei bis drei Millionen zuwachsen. Sie schauen voller Sorge auf das heranwachsende, mächtige China mit 1,3 Milliarden Einwohnern, in dem trotz rigoroser Geburtenbeschränkung jährlich rund 15 Millionen dazukommen. Selbst der Hauptkonkurrent Europa ist, mit japanischen Augen gesehen, großflächig und einwohnerstark mit gleichfalls stark

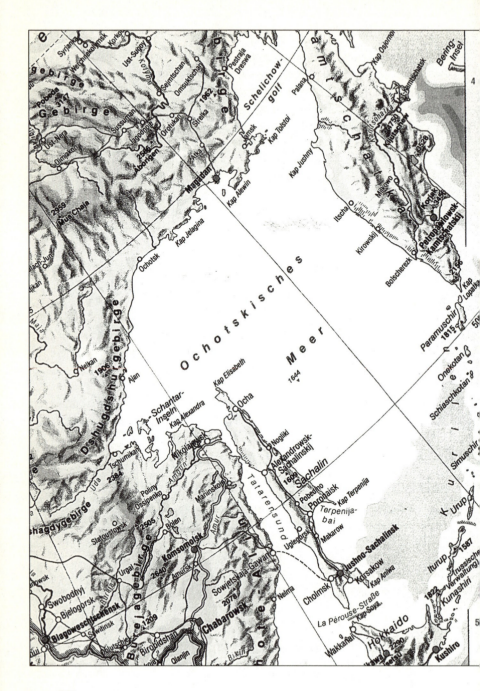

wachsender Bevölkerung, während sich Japan nur einen Zuwachs von lediglich 100 000 Einwohnern pro Jahr leistet.

Vor diesem Hintergrund wäre der Erwerb von Sachalin eine hochinteressante Lösung des japanischen Hauptproblems, nämlich die Überwindung der überaus bedrückenden Land- und Raumnot!

Vom Norden her erstreckt sich die Insel Sachalin vom 55. bis zum 45. Breitengrad nach Süden hin, wo sie von der japanischen Insel Hokaido nur 50 Kilometer trennen. Sie ist knapp 1000 Kilometer lang, vergleichsweise reicht sie von Dänemark bis Nizza, und sie ist bis zu 160 Kilometer breit. Das pazifische Klima entspricht etwa unserem atlantischen Klima, im Winter also Schnee im nördlichen Teil, die sommerlichen Temperaturen sind mitteleuropäisch. Sachalin hat, einschließlich der Kurilen, eine Fläche von 87 100 Quadratkilometern – ist also so groß wie Bayern und Sachsen zusammengenommen. Gegenüber der Amur-Mündung beträgt die Entfernung zum asiatischen Festland nur 20 Kilometer. Die Durchfahrt ist schmaler als zwischen Dover und Calais.

Am gefragtesten sind auf Sachalin und den Kurilen momentan Container. Die Inseln wurden bereits völlig entmilitarisiert, ein gutes Omen also; denn die russische Bevölkerung verläßt die Inseln, weil es zuwenig Arbeit gibt – und keine Zukunft. Trotzdem, rein wirtschaftlich gesehen, sind Sachalin und die Kurilen von unschätzbarem Wert, besonders für Japan. Neben Fischfang und Fischverarbeitung gibt es Vieh- und Weidewirtschaft, Rentier- und Edelpelztierzucht. Auf dem langgestreckten Festlandsockel Sachalins sind Erdöl und Erdgas nachgewiesen, in Größenordnungen wie etwa in der Nordsee. Bei weiteren Erkundungen besteht durchaus die Chance, äußerst interessante Erdöl- und Erdgasvorräte zu entdecken.

Am wertvollsten aber ist die weitgehend intakte, stellenweise auch unberührte Natur, die zur Ansiedlung genauso einlädt wie zum Tourismus.

Alles zusammengenommen macht Sachalin für Japan in jeder Hinsicht zu einer äußerst interessanten und wertvollen Immobilie. 87 000 Quadratkilometer, das sind 87 Milliarden Quadratmeter! Zum Preis von sechs Mark je Quadratmeter ergibt das 500 Milliarden Mark oder rund 300 Milliarden Dollar, die ohnehin nur ein Land auf der Welt zahlen könnte, nämlich Japan. Für diesen Preis könnte Moskau gewiß alle Reichtümer und Schätze der Inseln vergessen. Japan aber könnte im Laufe der Zeit, in vielleicht zwei Generationen, bis zu 30 Millionen Menschen ansiedeln, so daß die japanische Bevölkerung anwachsen kann, ohne daß die Hauptinseln weiter übersiedelt werden. Außerdem könnten besonders erdbebengefährdete Regionen der japanischen Inseln zahlenmäßig ausgedünnt werden, so daß künftige Katastrophen etwas weniger verheerend ausfallen.

Denkbar wäre außerdem noch folgende japanisch-russische Zukunft: Nach dem Grundstücksgeschäft mit Sachalin könnte ohne weiteres über die Halbinsel Kamtschatka verhandelt werden, die größer als Deutschland ist, mit Klimazonen ähnlich denen in St. Petersburg und Stockholm oder an den norwegischen und schottischen Küsten.

Die vier winzigen südlichen Kurilen-Inseln werden bei diesem Geschäft zwangsläufig in ihrer Bedeutung relativiert. Sie könnten im Grunde genommen als Beigabe ohne weiteres gleich mit dazugegeben werden.

Vom angenommenen Kaufpreis in Höhe von 300 Milliarden Dollar wäre vieles zu finanzieren. Damit sich die Generalität nicht mehr gegen jedweden Landverkauf sperrt, müßte die Armee zweifellos großzügig beteiligt werden mit besserer Verpflegung in den Kasernen, höheren Pensionen und neuen Wohnungen für Offiziere. Selbst eine Modernisierung der Armee wäre damit zu finanzieren.

Zwar sollten die größten Anteile investiv eingesetzt sowie zur Währungsstabilisierung benutzt werden, aber eine soziale Komponente gehört zweifellos dazu, mit höheren Renten, mit Sozialhilfe sowie mit dem Ausbau des Gesundheitswesens und Arbeitslosengeld, damit der gesamte Systemwandel nicht auf dem Rücken der Schwachen ausgetragen wird.

Das russische Volk würde so wieder Vertrauen in die Reformen bekommen, die Demokratie würde sich fester verwurzeln, und der Staat könnte aus dem Verkauf von Sachalin gleichfalls gestärkt hervorgehen, weil er seine Angestellten gut und regelmäßig bezahlen kann. Damit würde die staatliche Verwaltung funktionstüchtig als Voraussetzung für ein normales und geregeltes Steueraufkommen, was ja bisher nicht gegeben ist.

Daß die russische Regierung bisher noch nie vom Landverkauf Gebrauch gemacht hat, beweist: Im Grunde genommen verhält sie sich derzeit noch immer wie ein millionenschwerer, hochvermögender, aber extrem geiziger Grundstückseigentümer, der permanent sein Girokonto überzieht, hohe Sollzinsen zahlt, sich hoch verschuldet, sich ärmlich kleidet und außerdem zeitweise sogar noch hungert, statt ein Grundstück zu verkaufen. Dessenungeachtet erzählt er überall, wie reich er eigentlich ist, und die wirklich reichen Nachbarn, die den Russen leicht zum Grundstücksverkauf raten könnten, leihen unaufhörlich Geld, obwohl sie das größtenteils nicht einmal wiedersehen. Dabei könnten die Russen mit dem Verkauf von Sachalin sogar ihre Schulden von über 100 Milliarden Dollar bezahlen.

Das bedeutet letztlich: Moskau hat ein außerordentlich miserables politisches Management, das nicht viel von Geld und Wirtschaft versteht. Doch das ist zweifellos kommunistisches Erbe. Das kann sich über Nacht ändern. Denn erstens war und ist der kommunistische Landraub illegal. Zweitens ist derselbe höchst unrentabel, solange davon nichts verkauft wird, und drittens ist ein Teil des kommunistischen Landraubs sogar in Europa problemlos zu versilbern. Aber darüber denkt in Moskau bisher nur die demokratische Minderheit nach, während Kommunisten und Nationalisten jeden Landverkauf von vornherein abblocken und verhindern.

Für Westeuropäer sind, zugegeben, derartige Visionen, wie der Verkauf von Sachalin, zweifellos sehr spekulativ. Aber im Grunde genommen handelt es sich um einen sachlich begründeten Landerwerb, der in unserer kommerzialisierten Welt nicht mehr durch Krieg, sondern durch Kauf stattfindet. Weiterhin zugegeben, von Tokio aus gesehen handelt es sich um pure japanische geopolitische Überlegungen, wie aus dem Europa des vorigen Jahrhunderts, aber Japans politische Elite in Tokio denkt nun einmal so.

Ob wir das nun unterstützen oder auch nicht, ob uns das gefällt oder ob wir uns dem verschließen, betroffen werden wir davon auf jeden Fall, und zwar als Europäer, und positiv. Erstens liegt es durchaus im europäischen Interesse, daß Rußland diesen grandiosen Verkaufserlös realisiert; denn es handelt sich dabei ja um eine friedliche, demokratische und zugleich kommerzielle Form der Entkolonialisierung.

Zweitens würde dieser Weg Rußlands EU-Mitgliedschaft erleichtern, beschleunigen und, was wesentlich ist, ohne westeuropäische Subventionen möglich machen.

Drittens würde Rußlands Ansehen steigen, weil es sich von seinem »heißgeliebten« Fernen Osten dennoch friedlich trennt. Das wäre nämlich die wichtigste Voraussetzung dafür, daß alle Russen, die das wünschen, auf Sachalin oder im Fernen Osten bleiben können.

Viertens ruft der Verkauf von Sachalin zwangsläufig die Chinesen auf den Plan. Es könnte dann durchaus so kommen, daß es für russische Landverkäufe am Amur zu spät ist, nur für Kamtschatka würde die Zeit noch reichen.

Fünftens ist eine friedliche Regelung mit China am Amur nicht so leicht möglich wie mit Japan; aber immerhin, daß Peking in Hongkong demokratische und kapitalistische Strukturen nicht angetastet hat, das beweist, daß auch friedliche Regelungen denkbar sind, so daß die russische Bevölkerung im Fernen Osten Chinas genauso bleiben kann – wie die Weißen in Südafrika und die Briten in Hongkong. Die Eigentumsverhältnisse am Amur könnten dann so geregelt werden: Statt purem Gold, das jährlich tonnenweise aus den Bergwerken nach Moskau gesandt wurde, wird künftig Dividende aus dem chinesisch-russischen Gemeinschaftsunternehmen nach Moskau überwiesen. Wenn Moskau jedoch noch lange zögert, dann kann es seinen Fernen Osten aber auch verlieren, ohne dafür auch nur einen einzigen Dollar zu sehen. In diesem Fall bliebe Moskau dann sowieso nichts anderes übrig, als die EU-Mitgliedschaft zu beantragen. Nur, dann wird Rußland für die Europäische Union zum Sozialfall!

Wenn es folglich nicht zum Verkauf von Sachalin sowie zum

friedlichen Ausgleich mit China kommt, dann gibt es im russischen Fernen Osten Krieg, zwar keinen großen, aber konventionell, örtlich begrenzt am Amur, während im Hinterland zwischen Irkutsk und Chabarowsk der Partisanenkrieg den Konflikt entscheidet. Die erste Sprengung der Transsibirischen Eisenbahn bei Tschita gab es bereits 1996.

Schließlich haben wir auf dem Balkan erlebt, wie rückständige kommunistische und postkommunistische Länder übereinander herfallen, ohne jeden Sinn und Verstand, ohne Rücksicht auf die Menschen, und am Ende gar erfolglos, wie für die angreifenden Serben nach dem Motto: Operation gelungen, Patient tot! Der vormals von Serben dicht besiedelte Nordwesten Bosniens wurde von Kroatiens Tudjman völlig »serbenfrei gemacht«, also ethnisch gesäubert, und eines Tages werden auch die bosnischen Moslems Kroaten werden, obwohl sie von der Nationalität her überwiegend eigentlich Serben sind. Die wichtigste Voraussetzung dafür wäre ein neuerlicher Angriff der Serben.

Im Fernen Osten haben wir es, wie auf dem Balkan, mit ähnlichen politisch rückständigen Strukturen zu tun. Dort stehen sich das postkommunistische Rußland und das kommunistische China gegenüber. Beide Kontrahenten wissen selbstverständlich, daß es, wie im jetzt völlig zerstörten Tschetschenien, keinen Sieger geben kann, und diesen Konflikt müßten sie daher vermeiden; sowohl das aufgeklärte demokratische, europäische Rußland, das nur noch keine richtigen demokratischen Mehrheiten zustande bringt, als auch China, das immerhin mit Hongkong eine »Falkland-Lösung« vermieden hat. Obwohl noch kommunistisch, gelang den Chinesen immerhin das, was die Argentinier nicht schafften, nämlich die Falkland-Inseln mit Geduld und über die UNO zurückzuholen. Es muß folglich nicht zwangsläufig zum Krieg kommen. Es kann auch verhandelt werden.

Brüssel: Rußland schrittweise einbinden

Die Russische Föderation ist derzeit nicht zu integrieren, und die Europäische Union könnte sich mit Rußlands vorzeitiger Integration auch ohne weiteres überfordern. Deshalb ist der Zeitraum bis zur russischen Mitgliedschaft überhaupt nur als längerer Prozeß vorstellbar, der in Phasen und Etappen abläuft. Dieser Prozeß könnte etwa im Jahr 2005 zum Beitritt Rußlands führen. Es geht folglich nicht um einen schnellen oder gar überhasteten Beitritt, da er nicht akut ist.

Dieser Sachverhalt bedeutet aber noch lange nicht, daß in Richtung Rußland nichts passieren muß. Im Gegenteil, die Zeit ist längst reif für eine Absichtserklärung des russischen Parlaments, in überschaubarer Zeit der Europäischen Union beizutreten. Die dann nachfolgenden Assoziierungsabkommen mit Moskau würden exakt festschreiben, welche Aufgaben in welcher Reihenfolge zu lösen sind, damit Rußland EU-Mitglied werden kann. Eine derartige Absichtserklärung ist schon lange überfällig, aber auch sehr wichtig für alle Beteiligten: Sie würde nämlich sofort die NATO-Osterweiterung überflüssig machen! Warum eigentlich kann sich Moskau für solch eine elegante diplomatische Lösung nicht entscheiden?

Andererseits ist es auch Zeit für die EU, endlich einmal laut und deutlich zu erklären, daß Rußland in der EU nicht nur erwünscht ist, sondern dringend gebraucht wird, um Europa Einheit und Frieden zu bringen. Doch dazu hüllt sich Straßburg in Schweigen.

Statt dessen stehen die vier Visegrád-Staaten vor der Tür, die uns die NATO-Osterweiterung aufdrängen; die drei baltischen Staaten wollen mit aller Macht gleichfalls in die EU und in die NATO, Slowenien wartet geduldig, Bulgaren und Rumänen geben uns zu verstehen, daß sie auch nicht schlechter und genauso weit sind wie die anderen. Allein diese zehn Länder mit 110 Millionen Einwohnern stehen zur Diskussion für die kleine Osterweiterung. Dahinter warten Kroaten und Serben, Mazedonier und Bosnier, aber auch die kaukasischen Armenier und Georgier sowie Türken und Zyprioten, die allesamt bürgerkriegsgeschädigt sind. Hinzu kom-

	Länder	Einwohner in Mio.
Europäische Union	15	375
Beitrittskandidaten		
Polen, Ungarn, Slowakei, Tschechien	4 +	65 = 440
Litauen, Lettland, Estland	3 +	8 = 448
Slowenien	1 +	2 = 450
Bulgarien, Rumänien	2 +	32 = 482
Malta, Zypern	2 +	1 = 483
Rußland	1 +	147 = 630
Ukraine, Weißrußland	2 +	60 = 690
Kroatien	1 +	5 = 695
Albanien	1 +	5 = 700
Bosnien	1 +	5 = 705
Mazedonien	1 +	2 = 707
Moldawien	1 +	4 = 711
Türkei	1 +	72 = 783
Armenien, Georgien	2 +	9 = 792
Serbien	1 +	10 = 802
Norwegen, Schweiz	2 +	12 = 814
Island	1 +	1 = 815
Europäische Länder	42	815

men Ukrainer und Weißrussen. Diese Staatengruppe hat 150 Millionen Einwohner, jedoch ist kein einziger Staat davon derzeit EU-fähig, trotzdem greifen alle zur EU-Mitgliedschaft, wie Ertrinkende zum Strohhalm. Es muß folglich etwas geschehen.

Insgesamt warten 20 Staaten mit 270 Millionen Einwohnern sehnlichst auf ihre Integration, und mit Rußland kämen noch einmal fast 150 Millionen dazu. Das bedeutet: 380 Millionen Westeuropäer gehören bereits dazu, 420 Millionen stehen noch draußen!

Die Europäische Union hat folglich die grandiose, aber auch interessante Aufgabe, in einem überschaubaren Zeitraum 800 Millionen Europäer zusammenzuführen,
- zu einem gemeinsamen Markt mit einheitlicher Währung,
- zur Europäischen Sicherheitsorganisation ESO, in der die NATO aufgeht,
- zum Europa der Vaterländer vom Atlantik bis zum Ural.

Dazu veranstaltet Brüssel derzeit »Sandkastenspiele«. Es geht darum, abzuschätzen, welche schlangestehenden Länder in die engere Wahl kommen und was das kostet. Die Frage lautet deshalb: Sollen und können 15 EU-Mitglieder mit 380 Millionen Einwohnern vier oder acht bzw. sogar zehn neue Mitglieder aufnehmen? Bis wann könnten diese Vollmitglieder werden, was kosten die unterschiedlichen Varianten, und wer soll das bezahlen? Die anderen 320 bis 350 Millionen, darunter Rußland, müßten in diesem Falle noch ziemlich lange draußen bleiben.

Bereits hier wird klar, daß bei diesem »Schneckentempo« Europa nie zum Ziel kommt.

Beim »Sandkastenspiel« zur Osterweiterung der EU stellte sich außerdem heraus, daß die Osterweiterung bis auf weiteres nicht zu finanzieren ist, weder die kleine Visegrád-Variante noch die mit acht oder zehn neuen Ländern. Die Subventionen für die EU-Südstaaten beliefen sich 1995 auf 25 Milliarden Mark, für die Neuzugänge wären bis zu 110 Milliarden Mark zusätzlich erforderlich, pro Jahr wohlgemerkt. Da jedoch weder die Regierungschefs noch die EU-Finanzminister bereit sind, für die Osterweiterung die Beiträge entsprechend zu erhöhen, wurden die Planungen erst einmal auf Eis gelegt. Denn erstens verlangt der Euro zum 1.1.1999 selbst von den reichen Nordeuropäern allergrößte Anstrengungen sowie Opfer von der eigenen Bevölkerung – bis hin zur möglichen Wahlniederlage der jeweiligen Regierungsparteien. Zweitens lehnen alle Südeuropäer eigene Subventionskürzungen zugunsten der Osterweiterung ab, weil sie buchstäblich selbst die letzte Mark benötigen, um in den Euro entweder gleich oder später einzusteigen. Selbst die kleine Osterweiterung steht damit auf der Kippe, weil sie bis auf weiteres nicht zu finanzieren ist, jedenfalls nicht mit den bis 1999 gültigen Beiträgen und durch Subventionen.

Einerseits reicht zunächst einmal das Geld nicht, andererseits hat aber das Projekt Europa auch nicht unbegrenzt Zeit, um sich selbst zu verwirklichen, und schließlich gibt es noch jede Menge anderer Probleme, die das Europa-Projekt belasten, behindern oder gar blockieren.

Dazu gehören offene, ungeklärte Grenzprobleme, die für die betroffenen Völker noch erheblich schwerer wiegen als fehlendes

Geld, beispielsweise auf dem Balkan. Allein die Russische Föderation hat 23 umstrittene Grenzen von Brest bis Waldiwostok. Ungarn hat mit größter Mühe die Nachbarschaftsverträge für seine nationalen Minderheiten durch das Parlament gebracht. Aber was nutzt das schon, wenn die Ungarn in einigen Jahren als EU- und NATO-Mitglied dennoch nach Rumänien einmarschieren, um zwei Millionen Landsleute aus Siebenbürgen nach Ungarn zurückzuholen. Dann haben wir zwar den Euro und die kleine EU-Osterweiterung, aber eben auch Krieg innerhalb der Union – weil sich die EU beim ungarischen Anliegen, den Vertrag von Trianon friedlich zu ändern, stets taub gestellt hat.

Die Politiker der Europäischen Union hören selbst dann nicht einmal zu, wenn Rumänien dazu bereit ist, gegen Moldawien, wenn es denn zurückkommt, Siebenbürgen an Ungarn zurückzugeben. Nun gut, dafür wäre im Grunde die OSZE zuständig, aber genau darum geht es. Die EU engagiert sich zuwenig, um Grenzen friedlich zu ändern. Damit begünstigt sie Kriege und behindert eine schnellere Integration Europas. Sie befaßt sich mit den kleinen Problemen der bereits integrierten Westeuropäer, zu sehr mit Geld und zu wenig mit den echten, riesengroßen Problemen der Osteuropäer. So wie sich die Europäische Union zeitweise darstellt, kann es ohne weiteres dazu kommen, daß Rumänien vordergründig noch draußen bleiben muß, angeblich weil das Geld fehlt, in Wahrheit jedoch wegen seiner offenen Moldawienfrage, mit der die EU nicht konfrontiert werden möchte.

Machen wir uns doch nichts vor. Auf dem Balkan leben immer noch sechs Millionen Albaner, verteilt auf vier Länder, zersplittert und aufgeteilt von der Londoner Botschafterkonferenz Anfang dieses Jahrhunderts. Wenn sich die EU dieser europäischen Völkerproblematik weiterhin verweigert, wie vormals bereits in Bosnien, dann explodiert in absehbarer Zeit der serbische Kosovo, in dem fast zwei Millionen Albaner von den Serben völkerrechtswidrig beherrscht werden.

Ist die EU eigentlich nur für Mitglieder zuständig, oder müßte sie im Rahmen der OSZE nicht auch für künftige Mitglieder Verantwortung übernehmen, um den Einigungsprozeß zu beschleunigen, das heißt organisatorisch zu straffen, ohne daß das Geld kostet?

Die Europäische Union darf nicht in jedem Fall immer so lange warten, bis Beitrittskandidaten ihre Störfaktoren beseitigt haben; die EU müßte zur Beschleunigung des Einigungsprozesses dabei mithelfen, Störfaktoren zu beseitigen. Und die vielen ungeklärten und offenen Grenzprobleme von Trianon bis St. Germain sind genauso friedensgefährdende Störfaktoren wie der Landraub Stalins. Auch hier tut die Europäische Union so, als gäbe es keinen Handlungsbedarf. Das gilt im übrigen nicht für Helmut Kohl, aber fast ausnahmslos für alle anderen EU-Regierungschefs, von Chirac bis Major.

Was machen wir eigentlich, wenn uns Moskau eines Tages Ostpreußen zurückgibt?

Wenn die Zeit dafür reif ist, wird das demokratische Rußland zweifellos den Landraub Stalins revidieren und in diesem Zusammenhang wohl auch das nördliche Ostpreußen wieder an Deutschland zurückgeben, obwohl wir uns darum kaum bemühen werden.

Was aber machen wir, wenn es so weit kommt?

Sind wir eigentlich darauf vorbereitet, wenn uns das in großer Not befindliche demokratische Rußland das nördliche Ostpreußen nicht nur wieder zurückgeben will, sondern uns Nord-Ostpreußen buchstäblich wieder aufdrängt, gegen viel Geld wohlgemerkt, das Rußland zur Entwicklung seiner Kernregionen noch weit dringender benötigt als etwa Ostpreußen selbst? Sind wir darauf vorbereitet, argumentativ, politisch-moralisch und – finanziell? Ich glaube nicht. Es besteht hier durchaus die Gefahr, daß es wegen Geldmangels zu Kurzschlußreaktionen kommt, aber nicht nur bei Grünen oder Sozialisten, die Ostpreußen schon immer endgültig abgetreten hatten. Denn sie sind, was ihre Gesinnung und ihren Charakter betrifft, die Sozialfälle unseres Volkes, die den deutschen Osten selbst dann an die armen Osteuropäer verschenken, wenn diese selbst Land im Überfluß besitzen oder von uns eine völlig andere Hilfe brauchen.

Über das nördliche Ostpreußen, das für Moskau über Nacht jedwede Bedeutung verloren hat, gab es bereits im Frühjahr

1992 ein erstes sondierendes, inoffizielles Gespräch in Bonn, das hohe russische Beamte im Auftrag Boris Jelzins geführt haben. Moskaus Angebot? Die Rückgabe des nördlichen Ostpreußens mit Königsberg an Deutschland gegen die doppelte Summe, die Bonn für den Golfkrieg beisteuern mußte, also rund 35 Milliarden Mark.

Hinter vorgehaltener Hand sickerte dazu aus dem Bundeskanzleramt außerdem folgendes durch: Der Bundeskanzler wimmelte gemeinsam mit Hans-Dietrich Genscher, der seinerzeit noch Außenminister war, zunächst noch ab. Erstens sei wegen des teuren mitteldeutschen Wiederaufbaus kein Geld da, und zweitens: Was würden denn Paris und London dazu sagen oder Warschau – und die Litauer, die gleichfalls historische Ansprüche geltend machen?

Darauf die russische Delegation: Das Ganze sei doch ausschließlich eine Angelegenheit zwischen Bonn und Moskau, die andere nichts anginge. Die Polen hätten sowieso kein Geld, und Ostpreußen für das abtrünnige, verhaßte Litauen – das käme für Moskau überhaupt nicht in Betracht.

Am Ende soll Helmut Kohl gesagt haben: »Jetzt nicht!« Eine fürwahr staatsmännische, große Antwort, die alles offenließ. Kurz danach kam ein weiteres Zeichen aus Moskau. In der Zeitschrift »Moscow News« vom 8. August 1992 schrieb Außenminister Kosyrew: »Warum sollte Deutschland heute nicht wieder einen Anspruch auf Königsberg erheben?« Und weiter schrieb der damalige russische Außenminister: »Die Deutschen bringen aber genügend Vernunft auf und erkennen an, daß es ein Teil Rußlands ist, und gemeinsam mit Jelzin unterschrieben sie ein entsprechendes Dokument.«

Halten wir deshalb fest: Was das nördliche Ostpreußen betrifft, geht es ja keinesfalls um eine deutsche Forderung, sondern das neue, demokratische Rußland wird uns in absehbarer Zeit, wenn es von der eigenen Generalität daran nicht mehr gehindert wird, das nördliche Ostpreußen gegen möglichst viel Geld buchstäblich wieder aufdrängen, weil es diese Mittel dringend benötigt, um die russischen Kernregionen zu entwickeln.

Das Ganze ist folglich keine revanchistische deutsche Rückforderung, sondern aus russischer Sicht nichts anderes als dringend notwendige deutsche Hilfe, die Rußlands Entwicklung fördern und stabilisieren soll!

Nun gut, deshalb brauchten wir Königsberg noch lange nicht zurückzunehmen. Mittlerweile ist immerhin bekannt, daß das nördliche Ostpreußen noch kaputter, noch verwahrloster und militärisch noch verseuchter ist als das Terrain der ehemaligen DDR, so daß sich die Zahlung an Moskau in Höhe von 35 Milliarden Mark neben den tatsächlichen Wiederaufbaukosten in Höhe von schätzungsweise 100 Milliarden Mark fast bescheiden ausnimmt.

Doch die Frage lautet: »Wer kann und soll dann Ostpreußen überhaupt wieder aufbauen?« Rußland ist dazu nicht in der Lage, Polen und Litauen gleichfalls nicht. Auch die Europäische Union kann das nicht leisten.

So gesehen wird die Rücknahme Ostpreußens nichts anderes sein als deutsche Hilfe für Rußland im Rahmen und als Bestandteil der Osterweiterung der Europäischen Union. Auch das Baltikum, Weißrußland und die Ukraine, ja selbst Polen wird dadurch begünstigt; denn die Erschließung von Regionen war noch nie allein nur eine Frage des Geldes, sondern auch der Organisation, und dazu gehört nun einmal das territoriale Prinzip, also die Standortnähe!

Gewiß, die in Ostpreußen stationierte russische Admiralität verteidigt zäh und verbissen mit überholten geopolitischen Argumenten die kommunistische ostpreußische Kriegsbeute genauso wie die südlichen Kurilen gegenüber Japan oder die Kriegshäfen auf der Krim gegenüber der Ukraine. Dabei argumentiert die Führung der Roten Armee, bestehend aus Marschällen, Generälen und Admirälen, genauso unverfroren imperial wie Peter der Große vor 250 Jahren, der schon einmal aus geradezu existentiellen Gründen »eisfreie Häfen benötigte«, statt, wie Friedrich der Große, für einen Teil der eigenen Untertanen die Leibeigenschaft aufzuheben.

Doch warum soll das demokratische Rußland am nördlichen Ostpreußen festhalten, da es doch ohnehin die größte landwirtschaftliche Nutzfläche der Welt besitzt, mit der es sich wiederum, wie seit langem allseits bekannt, trotzdem nicht einmal selbst ernähren kann? Die Lösung wären folglich marktwirtschaftliche Hektarerträge durch intensive Bewirtschaftung der Kernregionen Rußlands, was zwangsläufig Überschüsse bringen würde, so daß die eroberten Gebiete mit Gewinn verkauft werden können. Außerdem, die sogar extrem exportintensive Schweiz hat nicht nur keinen einzigen »eisfreien«, sondern überhaupt keinen Hafen. Dennoch ist sie wohlhabend und mit ihren umfangreichen Exporten hat sie via Deutschland, Frankreich, Italien oder Österreich nicht die geringsten Probleme beim Transport. Die paar Exporte jedenfalls, die Rußland zusammenkratzt, lassen sich problemlos über Murmansk, St. Petersburg oder über Rostow am Asowschen Meer und ohne weiteres auch über alle baltischen Ostsee- und ukrainischen Schwarzmeerhäfen verschiffen.

Weiterhin ist zu bedenken, daß Rußlands Armut und Elend im wesentlichen gerade durch seine ungeheure räumliche Ausdehnung begründet ist – denn in Westeuropa sind ja jene Nationen besonders wohlhabend, die am dichtesten besiedelt sind, wie die Bundesrepublik, Belgien und die Niederlande, oder in Asien die Japaner, die mit 335 Einwohnern je Quadratkilometer extrem dicht besiedelt sind und dennoch, oder gerade deshalb, zur reichsten Nation aufstiegen, während die Russische Föderation nur neun Einwohner je Quadratkilometer hat. Wenn Rußland folglich eines Tages das nördliche Ostpreußen zurückgeben möchte, also dringend benötigtes Geld gegen überflüssiges Land tauscht, so wäre das in einer demokratisch und marktwirtschaftlich ausgerichteten Welt nicht einmal außergewöhnlich, sondern normaler als ein Krieg. Und wie vorn bereits erwähnt: Mit deutschen Rückforderungen oder Revanchismus hätte dieser Tausch nicht das geringste zu tun. Außerdem würde Deutschland dadurch nicht um einen Deut mächtiger als vorher. Es wäre vielmehr ein weiterer spektakulärer Beitrag zur marktwirtschaftlichen Erschließung einer osteuropäischen Region, der darüber hinaus alle übrigen Osteuropäer gerade dadurch zweifellos begünstigt statt benachteiligt, und für die sowieso notwendige Osterweiterung der Europäischen Union würde die Rückgabe des nördlichen Ostpreußens an Deutschland etwa so positiv auf die sich ausdehnende Europäische Union wirken wie das wiedervereinigte Deutschland, das seither nicht nur noch größere Nettobeiträge für die EU leistet als vorher, und bekanntlich wurde dadurch die Erweiterung durch Finnland, Österreich und Schweden nicht im geringsten behindert.

Alle früheren Einwände gegen eine deutsche Wiedervereinigung, die bekanntlich darin gipfelten, daß wir Deutschen unsere nationale Einheit auf dem Altar der europäischen Einigung opfern müßten, so als würde eine deutsche Wiedervereinigung die europäische Integration behindern, bremsen oder gar unmöglich machen, all dies erweist sich doch heute nicht nur schlichtweg als falsch, sondern als das, was es von Beginn an immer schon war, nämlich ziemlich abstruses, kleinkariertes, linkes, realitätsfernes Gedankengebäude.

Das nördliche Ostpreußen, das vormals für den geplanten Angriff auf die Norddeutsche Tiefebene samt den Ostsee-Ausgängen bis obenhin mit Kriegsschiffen, Landungsbooten und sonstigen Waffen aller Art vollgestopft war, hat über Nacht seine frühere Bedeutung völlig verloren; denn für das friedliche, demokratische Rußland, das auf die Europäische Union zugehen muß, weil es dazu überhaupt keine andere tragfähige politische Alternative hat, sind alle ostpreußischen Kriegshäfen total überflüssig.

Darüber hinaus hat das nördliche Ostpreußen keine Landverbindung mehr mit Rußland, weil Litauen und Weißrußland dazwischenliegen. Und was gleichfalls ins Gewicht fällt: Landeinwärts liegen Gebäude, Dörfer und Felder noch genauso zerschossen und zerstört da wie unmittelbar nach Kriegsende. Und zunehmend versteppt das Land sogar. Oder noch deutlicher ausgedrückt: Ostpreußen ist heute noch kaputter als 1945! Außerdem wissen wir mittlerweile, daß große Teile des Landes durch das Militär verseucht sind.

Alle unsere Nachbarn stimmten der Wiedervereinigung Deutschlands zu. In Meinungsumfragen hatte sich die Bevölkerung in den EU-Staaten zuletzt mit knapp 70 Prozent für Deutschlands Einheit ausgesprochen. Mitterands und Thatchers Widerstände hingegen repräsentierten nur rund 15 Prozent der öffentlichen Meinung in Europa. So ähnlich wird es wohl sein, wenn es um Ostpreußen geht: Der Hauptwiderstand wird von links kommen, und zwar wiederum aus Deutschland, aber niemals von unseren EU-Partnern.